TAUTROPFEN

Zum 4. Mai 2021

Für Freund Martin Walser
in dankbarer Verbundenheit
mit allen Glücks- und Lebenswünschen

A. v. d. Berg

Julius Berger

TAUTROPFEN

Gedichte
Texte
Bilder

Mit einem Geleitwort von Karl Kardinal Lehmann
und einem Nachwort von Arnold Stadler

Inhalt

Tauet Himmel	9	Erwartung	49
Geträumte Wege Geleitwort von Karl Kardinal Lehmann	10	Perlen	50
		Muschi	53
Sofias Geschenk	11	Trost	59
Für Pierre-Laurent	16	Nachtlicht	60
Irgendwann mein Kind	18	Skisocken	62
Sterntropfen	21	Erdemolo	64
Tautropfen	22	Ein Hauch	66
Dvořák	25	Am See	67
Berg	28	Slava	69
Tempus non erit amplius	30	Rückkehr	72
Schubert	32	Advent	74
Der alte Baum	35	Gidon	76
Die Rose	36	Weg	80
Ahnung	40	Catarina	82
Was kann der Mensch	41	Ausblick und Rückblick	91
Tanzende Schneeflocken	41	Lichtspuren	93
Im Anfang war das Wort	42	Was ist denn Tau anderes als Tau Nachwort von Arnold Stadler	98
Musik	44		
Der Schmetterling	46	Dank	103

Tauet Himmel

meiner lieben Frau Hyun-Jung

Schon als Kind sang ich in der Adventszeit „Tauet Himmel den Gerechten, Wolken regnet ihn herab ..." und fühlte mich eins mit dem Anruf der Israeliten in der Sehnsucht nach Vollendung und Erlösung. „Gott gebe dir vom Tau des Himmels ..." (Gen 27,28), steht in der Bibel.

Dass Tautropfen ein Symbol der Verbindung zum Himmel und zum Leben sind, wurde mir bei jedem Foto klar. Mit meiner analogen Leicaflex mit jeweils nur 36 Aufnahmen pro Film nehme ich mir für jedes Motiv Zeit, manchmal viel Zeit. Ich erspüre, wie jeder Tropfen selbst an grauen Tagen das Licht des Himmels bündelt. Tautropfen können wie Perlen leuchten, ihre Kugelgestalt scheint wie ein Abbild des Kosmos, unendlich vielsagend und schön.

Die hier gesammelten Kurzgeschichten und Gedichte aus meinem Leben sind Spiegel der Verheißung des Alten Testaments: „Meine Lehre ... wird fallen ... wie Tauperlen auf die Pflanzen" (Dtn 32,2). Die Erkenntnis von „Tautropfen" in meinem Leben wurde stets zu einem „Emmauserlebnis" (siehe Lk 24,13–32), zur schönsten Erkenntnis, dass wir nie alleine sind. Auch mein Herz „brannte", wenn es sich öffnen konnte, für die Familie, die Freunde, die Musik. Dann scheint Leben zu gelingen, dann scheint Leben Richtung zu bekommen, dann erscheint Leben als sichtbarer Teil einer ewigen Geborgenheit, dann schenkt Leben Ahnung vom wahren Zuhause. Tautropfen haben es mir gesagt. Ich liebe sie!

Geträumte Wege

Geleitwort zu den Gedichten dieses Bandes

Das Leben wird geprägt wie in den folgenden Gedichten: Es sind Träume und viele Erfahrungen im Hier und Jetzt. Sie brauchen einander.

Es sind Träume zarter Natur, wie ein Hauch, eine Rose ohne Dornen, Wege, die nicht verschließen. Sie haben mit den Wundern unseres Lebens und dem Staunen darüber zu tun. Glück und Dank ergeben sich daraus.

Gar nicht so selten werden diese Träume schon in unserer Zeit wahr, Spuren der Ewigkeit in unserem Leben: im Lachen des Kindes, in der reifen Zuneigung älter gewordener Menschen, im beglückenden Wort.

Die Träume und ihre konkreten Spuren gehören zusammen. Die Träume sind nicht nur ferne Utopien, die sich niemals ereignen. Die Spuren künden wirklich von etwas ganz anderem, sie verschließen sich nicht in sich selbst. Wenn beides zusammenkommt, ersteht die Welt neu vor uns. Träume verweben nicht einfach, das Wirkliche ist nicht banal. Es ereignet sich Begegnung. Man läuft nicht gleichgültig nebeneinander her oder gar aneinander vorbei. Man sieht es auch in den Gedichten und in den Fotos: Linien suchen sich.

Es kommt zu Kreuzungen und Vierungen. Dann kommt es immer wieder zum Aufscheinen der Sonne, auch wenn man deswegen die Dornen nicht einfach verscheuchen kann. Aber sie haben nicht das letzte Wort. Dies gilt erst recht für das Kreuz. Es wird zum Baum des Lebens.

Liest man die Gedichte und betrachtet die Bilder, dann versteht man den großen Cellisten Julius Berger noch besser, der viele Menschen an seinen Träumen und an den liebevoll entdeckten Spuren des Lebens teilhaben lässt.

Mainz, Ostern 2003
Karl Kardinal Lehmann †

Sofias Geschenk

Manchmal sind es Augenblicke, die sich fürs Leben einprägen, Augenblicke, deren Bedeutung im ersten Moment in keiner Weise offenbar werden und die dennoch zu einer wichtigen Spur im Leben werden können. Im Jahr 1986, meinem ersten Lockenhausfestival, sah ich im Vorbeieilen auf dem Hof der Burg eine Dame von schmaler Gestalt. Sie trug eine dunkle Hose und einen schwarzen Rollkragenpullover. Mir fiel der etwas nach unten geneigte Kopf auf, eine Bescheidenheit, fast etwas Schüchternes, nach innen Schauendes glaubte ich wahrzunehmen. Ich hielt inne, begrüßte die Dame und blickte in große dunkle Augen voller Kraft, unvergesslich. Wenig später wurde mir klar, wem ich begegnet war, der Komponistin, von der die Klänge stammten, über die jeder Künstler sprach. „Hast du das schon gehört ...?" In der Kirche wurden die „Sieben Worte" für Violoncello, Bajan und Orchester geprobt, komponiert von Sofia Gubaidulina. Kaum jemand kannte den Namen, die wenigsten konnten ihn sich merken. Ich aber war diesem ungewöhnlichen Menschen schon begegnet, ich war überglücklich. Die Botschaft dieser Frau faszinierte mich und interessierte mich von nun an noch mehr. Sie hatte bereits einen festen Platz in meinem Herzen.

Nach dem Festival wollte ich einen lang gehegten Plan vorantreiben. Ich war auf der Suche nach interessanter moderner Solomusik für Violoncello, die ich aufnehmen wollte. Der Verlag Sikorski hatte mir „autorisierte Kopien" mit damals nicht erhältlichen Werken russischer Komponisten geschickt. Eine Komposition übte ich immer wieder. Die kyrillischen Buchstaben des Titelblattes interessierten mich zunächst nicht, nur die Musik. Als ich mich schließlich für das Werk entschied und den Komponistennamen entzifferte, war ich überrascht: Sofia Gubaidulina. Niemand hatte bis dahin den Solozyklus „10 Präludien" beziehungsweise „10 Etüden" aufgenommen. Ich nahm alle meine Kräfte und Begeisterung zusammen und überreichte Sofia Gubaidulina wenig später in Salzburg eine Kopie meiner Einspielung. An diesem Abend rief mich Sofia im Hotel an: „Julius – fantastisch!" In einem Festspielkonzert spielte ich auch ihre „Sieben Worte". Der im selben Konzert wirkende György Kurtág schrieb mir nach dieser Aufführung: „Ihr Gubaidulina war mir starkes Getränk!" Wie recht er hatte. Diese Musik verändert den Menschen, in meinem Fall veränderte sie mein Leben. Sofias Werke gehörten von nun an zu meinem regelmäßigen Repertoire.

*„Die Musik hat sich für mich auf natürliche Weise
mit der Religion verbunden,
der Klang wurde für mich zu etwas Sakralem."*

Wir sind uns Gott sei Dank oft begegnet und begegnen uns immer wieder. Und immer wieder kreisen unsere Gedanken um die Themen, die schon die Titel ihrer Werke nahelegen: „In Croce", „Sieben Worte", „Sonnengesang" (Franziskus), „Die tanzende Sonne", „Am Rande des Abgrundes", „Etüden" und so viel mehr. Sofia kam dreimal zu den Studierenden meiner Klasse nach Augsburg, sie wohnte bei uns zu Hause und wir hatten beim Kochen in der Küche die besten Gespräche. Wir unterhielten uns über meine Lieblingsthemen, über Gott und die Welt, über Zeit und Ewigkeit, über die vergängliche Zeit, die die Griechen „chrónos" nennen, und die „erfüllte Zeit", so Luthers Übersetzung des griechischen Wortes „kairós". Sofia lenkte die Gedanken in diesem Zusammenhang auf Horizontale und Vertikale, auf das sinnlose „staccato" dieses Lebens und auf das „Verweilen der Seele im Geistigen", die „essentielle" Zeit.

Die Krankheit unserer Generation sei die ausschließliche Konzentration auf die Aufeinanderfolge von Ereignissen. In gewisser Hinsicht könnten wir der Horizontalen nicht ausweichen, umso wichtiger sei die Begegnung mit der Vertikalen, sie schaffe Wesentliches. Meint Christus dies, wenn er sagt: „Und wer nicht sein Kreuz auf sich nimmt …" (Mt 10,38)? Wie oft haben wir über dieses Kreuz gesprochen, das Kreuz, das auch sichtbarer Bestandteil der Partituren von Sofia ist, das Kreuz als Begegnung mit dem Lebenssinn, das „Annehmenkönnen" des Kreuzes. Sofias Analyse dieser Welt war nicht zuversichtlich. In diesem Punkt sind wir nicht einer Meinung. Sofia sprach über den Fortschritt der Wissenschaft, dem die Menschheit nicht gewachsen sei, sicherlich eine bedenkenswerte Frage, die schon Einstein und Heisenberg umtrieb. In einem anderen Punkt sprach mir Sofia allerdings aus dem Herzen: „Die Musik hat sich für mich auf natürliche Weise mit der Religion verbunden, der Klang wurde für mich zu etwas Sakralem."

Natürlich unterhielten wir uns auch über Alltägliches, das Wetter. Sofia: „Es gibt kein schlechtes Wetter." Wie recht sie doch hat – wie schön und gut kann Regen sein. „Kinder stellen die richtigen Fragen", sagte sie einmal und erzählte von einem Kind, das Herbstblätter im Wind beobachtete: „Warum dreht sich alles im Kreis?" Ja, vielleicht dreht sich wirklich alles im Kreis.

Wir erzählten uns viel, von unseren Familien, vieles ausschließlich für das Herz bestimmt, vor allem, wenn wir über unsere verstorbenen Familienmitglieder sprachen. Sofia und ich waren uns einig: Das Leben endet nie. Alles ist Wandel.
Meine geistig behinderte Schwester achtete Sofia besonders. Ich erzählte viel von ihr, aus der Kindheit, auch von Bergtouren mit meiner Familie: Meine Schwester ging an der Hand meines Vaters und mein jüngerer Bruder an der Hand meiner Mutter. Meine Eltern erzählten noch oft, dass ich als vielleicht Fünfjähriger sagte: „Und ich muss immer alleine gehen." Sofia darauf: „Julius – das ist dein Lebensprogramm!" – „Aus dem Alleinsein heraus kann der Mensch wachsen. Die meisten Menschen können nicht alleine sein, weil sie Angst haben, Angst vor sich selbst." Ich erinnerte mich, wie Sofia einmal sagte: „Ich lebe mit mir und den Sternen", und auf die Frage eines Reporters, „Wann komponieren Sie?", sagte sie: „In Einsamkeit."

Sofia versteht sich auch besonders gut mit Hyun-Jung, meiner Ehefrau, privat wie auch in der Musik. Hyun-Jung spielte in sämtlichen Ensemblestücken mit, sie war einfach immer und überall dabei. Sofia bewunderte ihre Interpretation von Viktor Suslins „Chanson contra raison" und „Ton H". Ich war zurückhaltend Sofia gegenüber, aber insgeheim träumte ich von einem Duo oder Doppelkonzert für uns. Da bot sich ein großes Engagement beim „Seoul International Festival" an, Sofia sollte im Mittelpunkt stehen, wir waren als Mitwirkende angefragt. Die Zeit war allerdings knapp.
Ich ging das Werkverzeichnis von Sofia durch und blieb bei einem Titel stehen: „Zwei Wege" für zwei Violen und Orchester, uraufgeführt von Kurt Masur und den New Yorker Philharmonikern. Ohne die Partitur zu kennen, rief ich bei Hans-Ulrich Duffek vom Sikorski-Verlag an und bat, Sofia zu kontaktieren. Dieses Stück wäre geeignet für die Besetzung mit zwei Violoncelli, behauptete ich frech. Wenige Tage später rief Herr Duffek zurück, Sofia stimme meinem Plan zu, sie halte „Zwei Wege" ebenso für die Besetzung mit zwei Violoncelli geeignet, habe aber keine

Zeit für die Umarbeitung. Nach Sichtung der Partitur entschlossen wir uns, unseren Komponistenfreund Johannes X. Schachtner für die Bearbeitung zu gewinnen. Es war eine wunderbare Zusammenarbeit mit Johannes, Sofia sagte später: „Die Version für zwei Violoncelli ist mir viel lieber." Die Aufführungen in Seoul und später beim Beethovenfest in Bonn waren umjubelt. Endlich hatten wir ein Doppelkonzert von Sofia im Repertoire – und was für eines! Der Titel „Zwei Wege" deutete nicht nur auf unsere Wege, das waren unsere Wege, die sich zu einer Richtung verbunden hatten. In diesem Zusammenhang hatte Karl Kardinal Lehmann eine gewichtige Rolle gespielt, der in den schweren Monaten vor unserer Eheschließung auf mich zukam und sagte: „Sie stecken in Schwierigkeiten. Darf ich Ihr Begleiter sein? – Und im übrigen würde ich Sie auch gerne trauen." Auch dies war eines der Wunder meines Lebens. Kardinal Lehmann traute uns in St. Stephan, deren Chagall-Fenster den Kirchenraum in blaues Licht tauchen. In seiner Predigt ging er auf unsere Wege ein, auf den Weg des Lebens, auf den Weg mit Gott, auf das irdische Ende, auf „Glaube, Hoffnung, Liebe", zufällig die Lesung dieses Tages und unser Wahlspruch. – Die Predigt von Kardinal Lehmann scheint mir heute wie eine Interpretation des Gubaidulina-Werkes „Zwei Wege" – eine Widmung für Martha und Maria, oder umgekehrt betrachtet, „Zwei Wege" scheint mir wie ein Auftrag für unsere Ehe. Martha und Maria stehen für Wege der Liebe, die tätige Liebe und die geistige Liebe. Jeder Ehepartner sollte beide Seiten in sich vereinen. So betrachtet entsteht eine horizontale und eine vertikale Ausrichtung – wieder ein Kreuz, ein goldenes Kreuz. Kardinal Lehmann sprach in seiner Predigt von der „gekreuzigten Liebe" … „so gibt es doch etwas, das allem trotzt, das allem standhält und was nicht als verbrannte Asche unseres Lebens zurückbleibt, sondern was in die ewigen Scheunen Gottes eingeht …"

Sofias Werk „Zwei Wege" wurde zu einem Schlüsselwerk unseres Lebens, welch wunderbares Geschenk, welch wunderbares Lebensprogramm, welch ein Segen für Hyun-Jung und mich!

März 2018

Für Pierre-Laurent

Ich habe wieder hineingehört

in die Stille zwischen den Noten

Diese Stille hat mich getröstet
ein lauter Trost
ein lauterer Trost

Bleib so still!
Abgewandt von dieser Welt
für die Welt! – Danke!

‚Der tiefste Schrei, den je ein Mensch vernommen
Er wird von uns, aus unserem Schweigen kommen'
(Hans Sahl)

23. April 2017

Hans Sahl: Die Gedichte, Verlag Luchterhand 2009,
2. Aufl., De Profundis, S. 216.

Irgendwann, mein Kind ...

Für Julius und Immanuel

Der Südwind taut die letzten Schneereste
Wieder naht ein Abschied
Du weinst untröstlich
       in den Armen Deiner Mutter

Bald wird Frühling sein
Bäume werden blühen
Deine eigenen Wurzeln wachsen
Und die Eltern freuen sich mit Dir

Wenn Dich im Sommer Deine Flügel
       weit forttragen
Wird die Mutter Dein Spielzeug
       sorgfältig verwahren
Du kannst nicht ahnen, dass sie
       dabei geweint hat

Im Herbst wirst Du Früchte
       nach Hause bringen
Um ein großes Fest zu feiern
Dein Weg wird in der Kirche gesegnet

An einem Novemberabend
Wirst Du weinen wie zu Anfang
Wieder steht ein Abschied bevor
Diesmal wirst du stark sein
Und Deine Mutter in Deinen Armen trösten

In der Mitternachtsstille des Dezember
Wächst am Dornenzweig ewige Hoffnung

Der Herzschlag eines zarten Lichtes
    wird zum süßen Klang
Unserer ewigen Verbindung

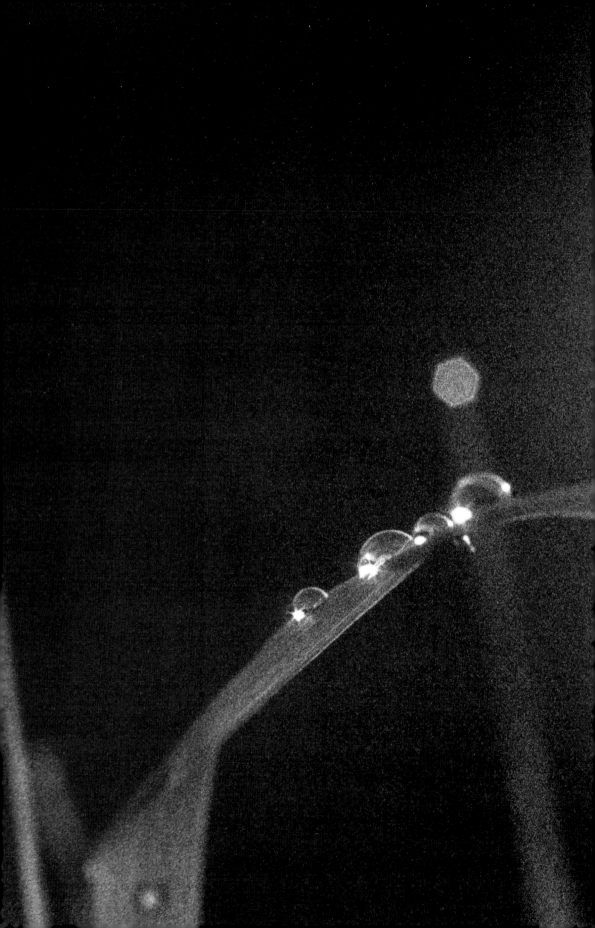

Sterntropfen

Liebes Kind

Dein Lächeln
spricht Unaussprechliches

Dein Lächeln
weint Sterntropfen

Erlösung ist nahe

Dein Lächeln
meint Liebe

2009

Tautropfen

Novembernebel, Nässe und Kälte
    haben die Ferne begraben.
Den Stacheldraht vor mir
    schmücken verlorene Herbstblätter
Einsam trägt die Dämmerung
    den silbernen Klang von
    Kirchenglocken herüber

Vergehende Zeiten

Mein Blick lauscht dem Trost
    rätselhafter Bläue
Der Glut ungezählter Kreuzestode
    die Tränen zu glitzernden
    Tautropfen werden ließ

Dunkelheit geleitet mich
Geträumter Weg, den nur die Hirten
    und ihre Tiere kennen

Der Klang der Wüstenblume
    weist eine Richtung jenseits des Stacheldrahtes
    in verborgene Weite

Hörst auch Du diesen Klang
    tief unten in Dir

Eines Tages wird all dies
    ganz nah sein
Sagte mir eine steinalte Frau

Denn Ewigkeit hat die Blume berührt
Und die Stille dieser einen Nacht
Ist ihr Licht

Dvořák

Ich weiß nicht, wie oft ich das Dvořák-Cellokonzert gespielt habe, eine Aufführung wird mir aber für immer in Erinnerung bleiben: das vollkommen ausverkaufte Konzert in meiner Heimat auf Schloss Neuschwanstein.

Es war ein wunderschöner Frühherbst in den 1980er-Jahren, ein „Altweibersommer". Die Berge leuchteten, die beginnende Verfärbung der Bäume war ein Zauber, der mich aber auch nachdenklich stimmte. Alles scheint vergänglich, das Bewusstsein der vergehenden Zeit habe ich manchmal auch wie einen Hauch Melancholie empfunden. Wie auch immer, ich entschloss mich drei Tage vor dem wichtigen Konzert zu einer Bergtour auf den Gipfel des *Pilgerschrofen*. Auf den benachbarten *Säuling* ging jeder, auf dem etwas niedrigeren und schwieriger zu erreichenden *Pilgerschrofen* durfte man fast sicher sein, oben am Kreuz alleine zu sein.

Ich suchte diese Stille. Unsere Hündin Jana war meine treue Begleiterin. Die nicht markierte Tour war mir vertraut, ganz oben führt sie durch leichte Felskletterei in eine Rinne, dann folgen wenige Schritte bis zum Gipfelkreuz. Ich stieg flott, und tatsächlich, am Gipfel, in der milden Sonne des Herbsttages, war ich allein. Alles schien zu passen. Ich freute mich auf meine Brotzeit mit Tee und sinnierte über mich und die Welt.

Die unendlich schönen und melancholischen Melodien des Dvořák-Konzertes bewegten meine Gedanken. Mir kamen die Momente in den Sinn, als ich das Konzert zum ersten Mal in einem Jugendkonzert der Münchner Philharmoniker hörte. Ich war vielleicht zwölf Jahre alt. Mir kamen die Tränen an der Stelle im langsamen Satz, in der Dvořák sein Lied op. 82, „Lasst mich allein" zitiert, das er aus Zuneigung zu seiner Jugendliebe Josefina einbezog.

Das Konzert entstand in New York. Dvořák hatte Heimweh und Sehnsucht nach seiner ersten Liebe. Er entschloss sich nach Vollendung des Werks zur Reise mit dem Schiff von Amerika nach Europa in die Heimat, eine Überfahrt von mehreren Tagen. Nach seiner Ankunft erfuhr er, dass Josefina genau in jenen Tagen verstorben war. Welche Tragik! Dvořák entschloss sich, den Schluss des Konzertes umzuarbeiten und schuf eine herzzerreißende Widmung an die Liebe, an seine Liebe:

Lasst mich allein in meinen Träumen gehn ...
lasst mir die Wonne all', lasst mir die Schmerzen ...
Lasst mich allein mit meiner Last ...
Er liebt mich ja! Lasst mir den tiefen Frieden ...
Lasst mich allein ...

Ich spiele diesen letzten Abgesang langsam, vielleicht zu langsam. In der traurigen Sequenz deutet sich durch eine zarte Wendung nach Dur, begleitet von fernen Herzschlägen der Pauke, ein hoffnungsvolles Licht an, vielleicht ein Zeichen, dass Josefinas Tod auch für Antonin Dvořák nicht das letzte Wort war.

Ich dachte an all das und wäre beinahe zu lange am Gipfel geblieben, es war nämlich schon Nachmittag, und ich wollte vor Einbruch der Dunkelheit zurück in Hohenschwangau sein. Ich riss mich aus meinen Träumen und stieg sicher und schnell die Steilrinne hinunter, unter mir die Felsabstürze und das Geröllfeld des *Pilgerschrofen*. Plötzlich zweifelte ich, ob ich noch auf dem richtigen Weg sei, an einer bestimmten Stelle hätte ich die Rinne nach rechts verlassen müssen. Noch ein paar Schritte sollten mir Gewissheit verschaffen. Obwohl mir die Rinne inzwischen zu steil erschien, war ich zuversichtlich, aber auch in Eile. Linker Hand sah ich einen grasbewachsenen Absatz. Schnell entschlossen nahm ich meinen Hund auf den Arm und sprang von einem Felsen dorthin. Was sich mir jetzt offenbarte, war schlichtweg eine aussichtslose Situation. Ich war direkt am Ende der Rinne angelangt, unter mir eine senkrechte Felswand. Ein Sprung zurück vom Grasband zur Rinne kam nicht infrage, das war zu gefährlich. Ungefähr fünf Meter unter mir waren die bedrohlichen Felsbrocken eines Geröllfeldes.

Ich hielt inne, es war unendlich still auf der sonnenbeschienenen Südseite. Der Nachmittag neigte sich schon, und die Farben dieses wunderschönen Herbsttages schienen noch intensiver. Ich begann nun – wie in jeder Krisensituation – alles langsam der Reihe nach zu durchdenken. Das Grasband war an und für sich ein wunderbarer Rastplatz. Mein Hund auf der einen Seite und mein Rucksack auf der anderen, so saß ich und dachte als Erstes: „Noch ist nichts passiert!" Und als Zweites war mir klar, dass jetzt jede Kurzschlussreaktion zum Unglück führen könnte. Eine Nacht hier oben am Berg würde zwar kalt werden, aber nicht den Untergang bedeuten.

Von der verbliebenen Brotzeit aß ich ein wenig, um mich zu stärken. Dann begann ich, meine Lage genauestens zu prüfen. Ich untersuchte das Grasband, das links von mir schmaler wurde und in den senkrechten Felsen überging – aussichtslos! Ein Riss unterbrach dieses Band, ein Sprung auf die andere Seite wäre viel zu riskant. Der nach unten führende Kamin würde mich wohl auch nicht retten können. Aber ich überprüfte auch das scheinbar Aussichtslose. Zu meiner großen Überraschung ragte in den Kamin ein abgestorbener, morscher Baum. Ich versuchte, die Chance abzuwägen, über den Baum abzusteigen. Vor allem der erste Schritt auf einem relativ dünnen Ast würde gewagt sein. Zudem musste ich ja auch an meinen Hund denken. Mir blieb nur die rechte Hand, um mich zu halten. Bange wagte ich den Abstieg, die Äste hielten, ich kam sicher auf den Felsblöcken des Geröllfeldes an.
Weiter unten musste der Weg vom *Säulinghaus* rund um den *Pilgerschrofen* sein. Als ich langsam über die Felsen nach unten abstieg, begann mein ganzer Körper zu zittern, meine Beine schlotterten, ich sank auf meine Knie und betete laut: „Mein Herr und mein Gott, DU hast mich gerettet!" Erschöpft erreichte ich den Weg, den ich kannte. Die Sonne war schon tief am Horizont. Als es dunkel wurde, kam ich zu Hause in Hohenschwangau an.

Ob ich meiner Mutter von den dramatischen Stunden erzählte, weiß ich nicht mehr. Wahrscheinlich wollte ich sie nicht beunruhigen und habe von einer Alternativroute berichtet. – Den *Pilgerschrofen* habe ich danach noch oft bestiegen, die Stelle des Ein- und Austieges aus der Rinne habe ich seither nie mehr verpasst, es ist eine Schlüsselstelle dieser Tour.
Das Dvořák-Konzert in Schloss Neuschwanstein werde ich nie vergessen. Niemand hat ahnen können, dass Kraft und Melancholie, Schmerz und letzte Geborgenheit der Melodien dieses wunderschönen Dokuments einer Liebe an diesem Abend auch etwas mit meiner Tour auf den *Pilgerschrofen* zu tun hatten.

2016

Berg

Die klare lichterfüllte Luft des Spätherbstes
Hat mich zum Gipfelkreuz emporgetragen

Oben vor abgrundtiefer Zeitlosigkeit
Singt ein schlohweißer Vogel
     sein kristallenes Ja

Du herbstzeitlose Ferne ewiglicher Bläue
Zu oft habe ich mein Sehnen nach Dir überhört

Ist es dein windverwehter Klang
Der manchmal des Nachts
     durch den Pulsschlag
     meines Herzens leuchtet
Wievieler Nächte
     wievieler Abgründe bedarf es noch
Bis deine Töne zu graniten
     unverrückbaren Zeichen werden

Durch feuchte Augen beobachte ich
Wie ein Vögelchen meine Kindheit
     zurückruft

Oben ...
Singt ein schlohweißer Vogel sein kristallenes Ja

Lange lausche ich
Bis Lied und Leid
        mit dem Himmel verschmelzen

Die ernsten Felswände der Berggipfel
        schweigen
Ihre Würde hütet rätselhafte Geheimnisse

Einst ward hier oben am Kreuz
        Geschichte überwunden
Und auch die nie ausgesprochene
        Sehnsucht meines Kindheitstraumes
        wohnt dort

Wenn unten im Tal
        nasskalte Dämmerung und Espenlaub
        an Vergänglichkeit erinnern
Bleibt das milde Licht der
        Bergspitzen dem Herzen treu

Es ist die Stunde
        des jungen Vögelchens und des Himmels
Die meinen Traum
        Ins Unendliche weiterspinnen

Auch als Namenloser weiß ich
Der Traum wird auch Dir geschenkt
Wann immer Du Trost suchst

Tempus non erit amplius

> „Wenn wir bergsteigen
> und miteinander sprechen,
> vergeht die Zeit langsam,
> weil wir glücklich sind"
>
> mein 5-jähriger Sohn Immanuel

Nach diesem Glück strebe ich! Die Johannes-Apokalypse umschreibt es mit den Worten: „Tempus non erit amplius" – „Von hier an wird keine Zeit mehr sein." Wann geschieht dieses Wort? Ich erlebe es in der Kunst, der Musik, bei einem guten Gespräch, bei der Begegnung mit behinderten Menschen, auf dem Berg ... Da wandelt sich die hektische Horizontale dieses Lebens mit aufeinanderfolgenden Zwängen und Terminen zur spirituellen Vertikalen, zu dem Raum, der so wichtig in unserem Leben zu sein scheint. Es sind die Momente und Stunden, die zu Säulen des Lebens werden. Die Gespräche mit den Kindern auf dem Berg, die geistige Erfüllung der Aufführung eines Cellowerkes, das Erlebnis der Schneegrenze nach einer Frühjahrs-Skitour, dort, wo die ersten Blumen blühen, die blauen Soldanellen, die ihre Blüten durch den Schnee recken. Dort verschmilzt der Klang des tauenden Schnees mit dem ewigen Echo der Stimme, die von innen zu uns spricht. Dieser Stimme nachzuspüren, in der Natur, mit der Familie, in der Kunst, im Glauben, Widerhall dieser Stimme zu werden, dies ist mein sehnlichster Wunsch. ... und wenn ich nachts hinter der Linde unseres Hauses in Hohenschwangau den Sternenhimmel betrachte und mir die Frage nach dem Sinn unseres Menschseins stelle und dabei wissenschaftliche Wahrscheinlichkeiten bedenke, die „mit Sicherheit" aussagen, dass es mehrere Planeten mit intelligentem Leben geben soll, dann denke ich oft an eine Solosuite von Bach, an ein Schumann-Konzert, an den Epilog des Elgar-Konzertes ... es ist dann, als ob der Himmel zu klingen beginnt, als ob ich seine Botschaft spüre: WIR sind gemeint, WIR haben einen Auftrag in unserem Leben, in unserer Berufung. Diesen Auftrag versuche ich anzunehmen, immer wieder, oft unvollkommen, leider ...

Bayrischzell, 8. November 2018

Schubert

Ein reißender Strom
trägt unsere Zeit hinweg

Wo sind die Rettungsanker
wo die Pfähle zum Festhalten
die das Rätsel auflösen

Jeder Ton Schuberts
durchquert das Unfassbare
und schenkt Ahnung
von einem anderen Weg
jenseits der Berge
wo Licht Rosenknospen
aufbricht

9. Oktober 2011

Der alte Baum

oben auf dem Berg
ist mein Freund

„ich verstehe Dich"
denke ich im zarten Klang der Blätter

„Du bist älter und weiser als ich
Du wandelst Dich und bleibst Dir doch treu"

Die Jahreszeiten und hunderte von Lebensjahren haben Dich geprägt

Im goldenen Herbst ist Deine Stimme manchmal
      rauer und stürmischer als im Frühjahr
Und im Winter habe ich Dich ganz still erlebt

Ich habe Deine Wunden am Stamm berührt
Ich habe Dich umarmt
Ich bin ja Dein Freund, in Freud und Leid

Manchmal höre ich Dein Rauschen und Säuseln
      auch wenn ich nicht bei Dir bin

Ich habe mich schon oft gefragt:

Hat Gott durch Dich gesprochen?

7. November 2018

Die Rose

Ich war zwölf oder dreizehn Jahre alt. Als Gewinner eines Jugendwettbewerbs in Augsburg in den Fächern Klavier und Cello erhielt ich unter anderem einen Gutschein für Musiknoten. Mit meinen Eltern besuchte ich das Musikgeschäft Anton Böhm & Sohn. Ich erinnere mich noch an alle Einzelheiten. Herr Uebel, der langjährige Leiter des Hauses, bediente uns. Ich suchte mir die Cellosuiten von Bach aus, eine Ausgabe des legendären Cellisten Hugo Becker. Meine Mutter versah die Noten zu Hause mit einem Klarsichteinband, um sie zu schützen. Noch heute hüte ich diesen meinen ersten Noteneinkauf. Die Bach-Suiten wurden zu meinem Lebensprogramm. Zwei Schallplattenaufnahmen begleiteten mich damals: die wunderschön gespielte von Pierre Fournier und die umwerfende von Pablo Casals. Schon das Cover dieser Aufnahme faszinierte mich: Pablo Casals mit Cello und Pfeife. Aber am meisten beeindruckte mich Casals' Klang, seine Persönlichkeit in jedem Ton, seine charaktervolle Interpretation, die mich noch heute ins Mark trifft. So wollte ich auch spielen! Eines Tages nahm ich die Pfeife meines Vaters und übte in meinem Zimmer Bach. Mit meinen dreizehn Jahren konnte ich die Pfeife kaum zwischen den Zähnen halten. Ich war so konzentriert, dass ich nicht wahrnahm, wie meine Mutter die Zimmertüre öffnete – und schallend lachte. Mir war dieser Zwischenfall eher peinlich, und fortan probte ich ohne Vaters Pfeife.

Lange verstand ich nicht die Haltung von Casals, der die Suiten zwanzig Jahre lang täglich übte, bevor er es wagte, sie in der Öffentlichkeit zu spielen. Mir schien dies bei aller Bewunderung doch etwas übertrieben. Heute denke ich anders darüber. Damals erschienen mir die Schwierigkeiten nicht so gewaltig, und ich wagte schon sehr bald, die eine oder andere Suite in der Öffentlichkeit zu spielen. Mittlerweile studierte ich bei Antonio Janigro, der ironisch bemerkte: „Ich weiß nicht, warum Menschen nach einer Bach-Suite klatschen, vielleicht weil sie froh sind, dass es vorüber ist?" Es war eine etwas andere Art, die Schwierigkeiten der Suiten zu benennen. In dieser Zeit wurde für mich der Gipfel der Beherrschung immer unerreichbarer. Trotzdem spielte ich in Schloss Mirabell in Salzburg und anderswo alle sechs Suiten an zwei Abenden – mit großem Erfolg. Ständig übte und experimentierte ich weiter. In Amsterdam im Concertgebouw spielte ich zum ersten Mal eine Suite mit einem Barockbogen, dem Gambenbogen des nur kurz zuvor verstorbenen Ernst Wallfisch, den mir seine Witwe Lory gab. – Amsterdam wurde noch in anderer Hinsicht wichtig für meine Bachforschungen. Hier freundete ich mich mit Berend Moeller, dem berühmten Geigenhändler, an.

Ich war ständig auf der Suche danach, wie ich die Interpretation der Suiten optimieren könnte, vielleicht durch einen besseren Steg oder Bogen. Berend war mir ein guter Begleiter. Eines Tages – ich hatte ein Konzert im Ruhrgebiet – wollte ich zu ihm fahren. Es war ein Rosenmontag. Das Wetter war schrecklich, und schließlich begann es zu schneien. Ich tat in diesem Moment etwas ganz gegen meine Gewohnheit, ich kehrte um. Irgendwie schien es nicht der richtige Moment zu sein. Ungefähr einen Monat später hatte ich erneut ein Konzert in der Nähe. Ich kam zu Berend, er bat mich zu einer Tasse Kaffee in den hinteren Bereich, der den meisten Besuchern verschlossen blieb. In diesem Raum, der wie ein Wohnzimmer wirkte, mit alten Möbeln und vielen Fotos berühmter Geiger und Cellisten, lag auf dem Sofa ein wunderschönes Cello mit fünf Saiten. So etwas hatte ich noch nie gesehen. „Die sechste Bach-Suite", schoss es mir durch den Kopf, die Suite für ein Violoncello mit fünf Saiten, die ich bislang wie alle Cellisten auf dem herkömmlichen Instrument gespielt hatte. Bis dahin hatte ich noch nie davon gehört, dass diese Suite nach Bachs Vorschrift „a cinque cordes" realisiert worden wäre. Nervös fragte ich Berend nach dem Cello. „Es liegt seit gestern hier und stammt aus Amsterdamer Familienbesitz über Generationen, ein altes Jan-Pieter-Rombouts-Cello aus dem Jahr 1700." In diesem Moment lief mir ein Schauer über den Rücken. Wäre ich, wie geplant, einen Monat vorher gekommen, ich wäre dem Cello wahrscheinlich nie begegnet. Das Instrument klang wunderbar, es musste allerdings noch repariert werden. Nach einiger Zeit übergab es mir Berend in Köln.

Dieses Cello führte mich auf eine Odyssee, allein, um die notwendige E-Saite zu finden, die es nicht im Handel gab. In Dänemark war ich anlässlich eines Konzertes zu Hause bei Jal Hansen, dem Produzenten der Jargar-Saiten. Er stellte mir über Nacht mehrere Typen von E-Saiten her, die er mir am nächsten Vormittag schenkte und die mein ganzes Celloleben reichten. Endlich hatte ich die passende E-Saite gefunden! Ich übte auf dem neuen, alten Cello die sechste

*Vor kurzem antwortete ich auf die Frage
nach meinem Bach-Konzept spontan, mir sei
„alles egal, ich spiele nach meinem Gefühl".*

Suite und musste mir eingestehen, dass die Realisierung nicht die erwartete Erleichterung brachte. Die weiten Griffe in den tiefen Lagen, der geringere Spielraum des Bogens zwischen den Saiten und so vieles mehr musste bewältigt werden. Berend fertigte mir schließlich alles Notwendige wie Stege und Saitenhalter für den Gebrauch von vier und fünf Saiten. Bach spielte ich von da an auf dem Rombouts-Cello. Zu meiner ersten Japantournee reiste ich mit zwei Celli, dem Stradivarius für das Schumann-Konzert und dem Rombouts für die Bach-Abende.

Noch während meiner Studienzeit begann ich, an Silvester jedes Jahr Bach für einen guten Zweck zu spielen. Dass sich dies mein ganzes Leben fortsetzen würde, ahnte ich damals nicht. Nach dem Jahresschlussgottesdienst wird die Kirche abgedunkelt, ich habe meinen Platz zwischen den zwei großen, erleuchteten Christbäumen. Nach dem letzten Ton erwarte ich in der letzten Stille des Jahres den ersten Glockenschlag des Geläuts von St. Mang. Ich gehe dann ruhig Richtung Sakristei. Meine Gedanken gehen zurück in die Vergangenheit und voraus in die Zukunft. Meist überkommt mich eine leise Melancholie. Wieder ist ein Jahr vergangen!

So gingen die Jahre ins Land. Ich nahm die Suiten zweimal auf, derzeit versuche ich eine dritte Aufnahme. Ich studierte alles, was ich irgendwie erreichen konnte. Ich entwickelte ein eigenes Temporelationssystem, später versuchte ich, wieder frei von dem vielen Wissen zu werden. Vor kurzem antwortete ich auf die Frage nach meinem Bach-Konzept spontan, mir sei „alles egal, ich spiele nach meinem Gefühl". Vielleicht ist es mit dem Wissen wie mit dem Säen, Begießen und schließlich Ernten. Die Ernte eröffnet Räume der Freiheit und Inspiration.

Die Ernte eröffnet Räume der Freiheit und Inspiration.

Eines der schönsten Bach-Erlebnisse bescherte mir meine Freundschaft zu Prof. Dr. Hanspeter Heinz. Er bat mich anlässlich seines fünfzigjährigen Priesterjubiläums, während des Festgottesdienstes in einer Dorfkirche bei Augsburg zu spielen. Hanspeter sagte zu mir: „Ich werde nicht predigen, das machst du mit deinem Cello." Ich überlegte hin und her und entschloss mich schließlich, die vollständige Suite Nr. 3 in der Jubeltonart C-Dur zu spielen. Mir war ein wenig bange, als ich die Kirchenbesucher sah, die Fahnenabordnungen, die Trachten. Aber als ich spielte, verwandelte sich der Raum. Die Stille zwischen den Sätzen und am Ende schien, als ob man diese Momente festhalten wollte. Hanspeter sagte mir später: „Dies war die schönste Predigt meines Lebens."

Ein anderer Bach-Abend wird mir immer in Erinnerung bleiben. Als einer von sechs Cellisten war ich zum Kronberg Academy Festival eingeladen, eine der Bach-Suiten zu spielen. Mir war damals die erste Suite besonders nahe, und ich hatte Glück, dass dieser Wunsch erfüllt werden konnte. Die Aufführung in der Johanniskirche muss die Zuhörer sehr bewegt haben, der im Publikum zuhörende Cello-Kollege Lynn Harrell erhob sich beim Applaus spontan von seinem Sitz. Eine Dame der Organisation überreichte mir eine rote Rose. Während mich das Publikum durch den Beifall immer wieder nach vorne rief, legte ich beim Zurückgehen die Rose auf den Hochaltar vor das Kreuz. Dies war mein Zeichen des Dankes, Dank für so viele erfüllende Wege dieses Lebens mit Johann Sebastian Bach, Dank an den, ohne den nichts möglich gewesen wäre: Soli Deo Gloria!

Karfreitag 2016

Ahnung

Ich habe immer geahnt, dass unsere Lebenslinien Teil eines Bildes sind, das Gott malt. Aber wer korrigiert die falschen Linien oder hat unser Leben das heilige Papier manchmal nicht berührt?

Was kann der Mensch?

Derjenige, der sich einbildet, etwas zu können, hat gleichzeitig die Begrenzung in sich. Der Mensch muss über seine eigenen Grenzen hinaussehen, dann weiß er, dass er sehr wenig kann, dass er weiter streben soll, oder loslassen …

Tanzende Schneeflocken

Im zarten Klang der tanzenden Schneeflocken höre ich das ewige Echo der Stille, die tief unten zu mir spricht. Leben und Sein wird eins. Alles um mich wird eins.

Es ist dann wie in der Musik. Jede Note soll eins mit dem Interpreten sein, bevor sie erklingt. Die Geburt der Musik findet in der Seele des Menschen statt, aber nur wenn die Arbeit vorher getan ist und wenn der Musizierende bereit ist, ein bescheidener Diener zu sein, geschieht das Wunderbare: Die Musik wird zu tanzenden Schneeflocken, deren Klang den ganzen Menschen erfasst.

Im Anfang war das Wort

Du Rosentraum
         mein Wort
Deine rostige Winde
         am verfallenen Steinbrunnen
Schöpft Unsagbares
Aus endlosem Tränendunkel

Tonlos umwölbtes Schattenland
Mein Herz hört Dich
         in golden verklärten Lichterstaunen

Wortlos
Geheimnis im Spiegel des Wortes

Wieso verstehe ich Dich …

Musik

Die Musik soll in der Seele des Menschen einen spirituellen Raum öffnen. Das Erlernen der Musik ist ein geistiges Exerzitium. Nur wenn durch Übung und Geist dieser spirituelle Raum im Menschen wächst, wächst auch die Kraft der Vorstellung. Diese Kraft leitet und bewegt den Körper, der die Vorstellung umsetzen soll. Er wird immer Schwierigkeiten haben, er wird die Vorstellung nie erreichen und immer bestrebt sein, die Technik des Vorganges zu verbessern. Jede Note hat das Recht, einen, „geistigen Abdruck" des Interpreten mit „auf den Weg" zu bekommen. Diese unverwechselbare Signatur ist einzig, so wie jeder Mensch einzig ist. Jeder Versuch, eine gute Interpretation eines Meisterwerkes zu kopieren, ist mit Lüge gleichzusetzen. Der Interpret dient in großer Wahrhaftigkeit und Bescheidenheit, um das Werk des Komponisten zu ergründen. Dazu ist viel Studium notwendig. Das Instrument spielt eine untergeordnete Rolle, allerdings kann ein erstklassiges Instrument – ein Kunstwerk in sich – Kräfte der Inspiration stiften, die den Vorgang der Umsetzung der Vorstellung beflügeln.

19. und 20. Mai 2014
auf dem Flug nach Korea

Der Schmetterling

Es war kurz nach unserem Umzug von Oettingen nach Neuburg. Im ältesten Haus Neuburgs hatte mein Vater sein Notariat. Wir wohnten in einer Neubausiedlung in einem Reihenhaus „Am Schwalbanger 28". Als Junge von etwa zwölf Jahren hörte ich immer gerne zu, wenn mein Vater am Abend von seinem Arbeitstag erzählte. Eine Nachricht traf mich wie ein Blitz, als er ein Gespräch mit einer alten Dame erwähnte, die ihn wahrscheinlich zur Regelung ihres Nachlasses aufgesucht hatte. Sie besitze noch ein altes Cello, es sei von Mathias Klotz aus Mittenwald, von einem Musiker der Kölner Philharmonie sei es leihweise gespielt worden.
Eigentlich hatte ich ja schon ein Cello, aber der berühmte Name Mathias Klotz ließ mich nicht los. Gefesselt von dieser Nachricht, lag ich meinem Vater in den Ohren, bis er schließlich bei der Dame wegen des Cellos anfragte und das wunderschöne Instrument mit dem Löwenkopf ins Haus brachte. Der Klang dieses Instruments verzauberte mich. Das zweite der von mir geliebten „Stücke im Volkston" von Robert Schumann schien wie dafür geschaffen. Trotz großer Schäden – durch einen Riss im Boden konnte ich sogar hindurchsehen – war ich mir sicher, einen lange verborgenen Schatz gefunden zu haben.
Der Ingolstädter Geigenbaumeister Leo Mayer hielt das Cello für authentisch, in seinen Augen: „ein Liebhaberinstrument und sicher sehr teuer". Ich war zunächst enttäuscht, gab aber die Hoffnung nicht auf. Die Preisvorstellung der Dame lag weit unter der Schätzung unseres Geigenbauers, so dass sich mein Vater zum Kauf des Instruments entschloss. Nun hatte ich zwei Celli. Tagtäglich spielte ich mein widerstandsfähiges „Mandelli"-Cello und nur an besonderen Tagen, wie an Weihnachten, holte ich das alte „Klotz"-Cello hervor.
Die Jahre gingen ins Land, wieder zogen wir um, diesmal nach Hohenschwangau. Mein Vater erlebte noch den Beginn meines Cellostudiums. Mittlerweile spielte ich auf einem kostbaren „Testore" aus dem Besitz meines Lehrers Fritz Kiskalt. Das „Klotz"-Cello blieb aber immer mein treuer und stiller Begleiter und insbesondere nach dem frühen Tod meines Vaters eine Erinnerung an ihn. Im Laufe meines Lebens spielte ich bedeutende Instrumente, so das mir leihweise überlassene älteste Cello der Welt, ein „Amati" aus dem Jahr 1566. Sein Besitzer entschloss sich für mich vollkommen unerwartet, dieses Cello zu verkaufen. Dadurch

Ich spürte, wie das Publikum mit mir die Musik atmete.

wäre ich zu diesem Zeitpunkt ohne Instrument gewesen, hätte nicht mein „Klotz"-Cello jahrzehntelang auf diesen Moment gewartet. Ich brachte es zu Geigenbauer Aycan nach Freiburg, der es sorgfältig restaurierte und meinem Cello auch für große Säle einen sehr guten Klang prophezeite. Welch glückliche Fügung! Und tatsächlich, mein „Klotz"-Cello enttäuschte nicht, im Gegenteil, die Konzerte mit ihm wurden zu großen Erfolgen. Ich spielte in der weltberühmten Disney Hall in Los Angeles Schumanns Cellokonzert. Der berühmte Kritiker Mark Swed schrieb in der Los Angeles Times: „… Berger gave a remarkably rhapsodie performance. He lost himself in the music … He went in for interpretive extremes …"

Ein Konzert werde ich nie vergessen. Ich war Gast der „Zagreber Solisten", um wiederum Schumann aufzuführen. Das Konzert war für mich schon deswegen außergewöhnlich, weil die „Zagreber Solisten" von meinem Lehrer Antonio Janigro gegründet und zu Weltruhm geführt worden waren. Im Probenraum hingen zahlreiche Fotos meines schon lange verstorbenen Lehrers. Das Orchester und ich studierten das Werk ohne Dirigent ein, ganz in der Tradition Antonio Janigros. Wir spielten im schönen alten Saal des Konservatoriums. Das Konzert wurde vom Fernsehen aufgezeichnet. Ein wunderschönes Plakat mit einem großen Schmetterling – „Schumanns Cellokonzert mit Julius Berger und den Zagreber Solisten" – warb für dieses Konzert.
Der Saal war bis auf den letzten Platz besetzt. Ich versuchte kurz vor meinem Auftritt, meine nervöse Spannung in Konzentration und Liebe zur Musik zu wandeln. Als ich das Podium betrat, spürte ich die Zuneigung und Unterstützung der Menschen. Der erste Satz gelang, und ich spielte die traumhafte Überleitung in den von mir besonders geliebten langsamen Satz, der für den seelenhaften Ton meines „Klotz"-Cellos wie geschaffen war. Ich spürte, wie das Publikum mit mir die Musik atmete. Welch ein Geschenk, diese Einheit zu spüren! In diesem Moment tänzelte ein weißer Schmetterling von Ferne durch den Konzertsaal, er flog auf mich zu und ließ sich während der schönen Doppelgriffstelle auf der Decke meines Cellos nieder. Die Zartheit des Augenblicks berührte mich so sehr, dass ich um meine Konzentration bangte.

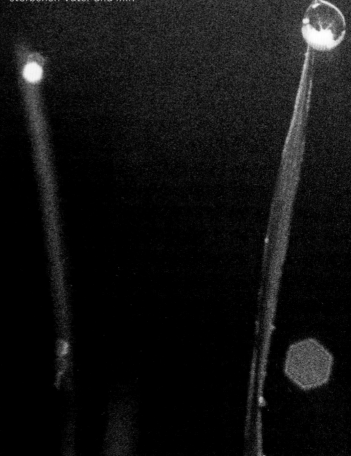

Nach einer kleinen Weile, gegen Ende des Satzes, erhob sich der Schmetterling, flog vom Cello zurück in den Saal – immer höher und immer weiter – bis ich ihn nicht mehr sah. Ich spielte das Konzert zu Ende, das Publikum, das von meiner Begegnung mit dem Schmetterling nichts ahnen konnte, war begeistert.

Meine Gedanken gehen noch heute zu dem Schmetterling zurück, den mir das Plakat schon angekündigt hatte. War es nur Zufall? Nein, ich bin mir sicher, an diesem Abend in Zagreb habe ich ein Wunder erlebt – das Geheimnis der Wiederbegegnung zwischen meinem verstorbenen Vater und mir.

Erwartung

Blätter –
fallen nicht
sie beginnen ihren letzten Tanz
in eine andere Zeit

Gefangenschaft endet
Fest der schönsten Farben und Sonnen
doch das Glück bricht –
und die Nußschale zerspringt

Allerheiligen 2013

Perlen

Kahle Dämmerung
        über dem flackernden Friedhof
        am späten Silvesternachmittag
Nur wenige Tritte
        auf den Friedhofswegen
        durchbrechen pochend die Stille

Im Angesicht des Kreuzes
Rinnen Tränen
        über die Wangen des alten Mannes

Das Leuchten dieses Spätherbstes
        will ihn nicht verlassen

Es war ihr letztes Zusammensein
        auf der Bank vor der erwärmten
        Holzwand ihres Hauses
Sie saß neben ihm, den großen
        Strohhut auf ihrem weißen Haar

Und als sich wie in alten Zeiten
        ihre Hände berührten
Spürte er zum ersten Mal
        diese merkwürdige Schwäche

Ihr Lächeln war gütig wie nie zuvor
Bis zu jenem Tag
        an dem ein schrecklicher Föhnsturm
        zur Erinnerung
        an Friedhofsglocken wurde

Seither ist es kalt

Und an der Schwelle
        zu diesem Neuen Jahr
Kreisen seine Gedanken
        um die schöne Perlenkette
        mit der sie die Erde verließ

Im jungen Morgenlicht am Tag
        ihrer Hochzeit
Trug sie zum ersten Mal dies Zeichen

Seine Tränen haben sich schon damals
        mit den Perlen verbunden
Zum schönsten Trost
Grenzen überschreitender Liebe

Muschi

Die Geschichte meiner Schwester Muschi hat keinen Anfang und kein Ende. Sie war immer bei mir, und sie wird immer bei mir bleiben.

„Ich bin eine reiche Frau", sagte sie. Ja, sie war reich, sie hat uns gelehrt, wie armselig die Welt der Trumps, Putins und Kims ist. Im Gegensatz zu so vielen in Wirtschaft und Politik blieb Muschi niemandem etwas schuldig. Sie erinnerte alles, sie schenkte, ihre Geschenke waren ein Symbol von Güte und Liebe.

Muschi nannte man „geistig behindert". Ihr Leben hat still begonnen. Jedes Kind schreit bei der Geburt, Muschi nicht, eine erste Sorge meiner Eltern. Das Baby war wohl zu lange im Bauch der Mutter. Eine Krankenschwester im Entbindungsheim in Augsburg hatte meiner unruhigen Mutter gesagt: „Keine Sorge, die Natur regelt das schon."

Meine Mutter hat diese Äußerung nie vergessen. Wahrscheinlich hat sie ein Leben lang darunter gelitten. Hätte sie als Unerfahrene der Erfahrenen gegenüber beherzter eingreifen sollen? Die ersten Monate des Lebens von Muschi vergingen und die Freude der Eltern war groß. Alles schien sich gut zu entwickeln. Doch dann nahm das Schicksal seinen Lauf.

Vor der ersten Pockenimpfung, damals gesetzlich vorgeschrieben, sprach mein Vater mit den Ärzten, das Kind sei „übertragen": „Gibt es Bedenken?" Doch die Ärzte wischten die Sorgen des jungen Vaters, des Notars, weg, er war ja nicht „vom Fach". Meine Schwester erhielt die Impfung, das Unglück war geschehen. Muschi bekam Krampfanfälle und eine folgenschwere Gehirnhautentzündung. Niemand ahnte, dass dies die Ursache der Behinderung sein würde, niemand ahnte, dass die Entzündung im Gehirn eine Schädigung für das Leben sein würde. Jetzt schrie Muschi Tag und Nacht. Wir wissen nicht, wie meine Mutter das geschafft hat. Schließlich kamen ein Jahr nach der Geburt ich als zweites Kind zur Welt und wieder kurz danach mein Bruder Wolfgang. Allerdings behielt in diesen ersten Jahren des Lebens die Hoffnung die Oberhand. Mit Medikamenten versuchte man, zunächst erfolglos, die Krampfanfälle in den Griff zu bekommen. Ich erinnere mich noch sehr gut an die Momente, wenn meine Schwester urplötzlich ein Krampf befiel. Sie stürzte dann zu Boden, zuckte am ganzen Körper und atmete heftig. Schon damals als Vier-, Fünfjähriger legte ich mich zu ihr. Muschi war nicht ansprechbar, ich versuchte sie zu beruhigen, ich streichelte sie, versuchte, mit ihr zu sprechen,

Meine Mutter sagte: „Ich bin sicher, Muschi wird die Süßigkeiten alle verschenken."

Auch das habe ich nicht vergessen, traf es doch einen Hauptcharakterzug meiner Schwester.

bis sie urplötzlich aus dem Krampf „erwachte". Die Krämpfe waren lange ein Thema, vielleicht das halbe Leben, bis man endlich die richtigen Medikamente fand, die stufenweise reduziert wurden, um das schon schwierige Leben nicht noch weiter zu belasten.

In Muschis Kindheit und Jugend waren meine Eltern dennoch der Hoffnung, sie könne in die Schule gehen. Mein Vater fand Privatlehrerinnen, die ins Haus kamen, um den Weg zu ebnen. Es gab Fortschritte, aber allmählich starb die Hoffnung. Es war ein schlimmer Schlag, vor allem für meinen Vater. Unsere Familie suchte nach Fördermöglichkeiten, wir besuchten verschiedene Einrichtungen. Ich erinnere mich unter anderem an einen Ausflug nach Ursberg, wo mir als Kind besonders die große Schaukel im Garten imponierte. Zuletzt entschieden sich meine Eltern für Dillingen, „Taubstummenschule" hieß es damals. Vielleicht spielte eine Rolle, dass der Klassenfreund meines Vaters, Professor Dr. Hermann Lais, in Dillingen Theologie lehrte. Ich werde nie vergessen, wie unsere Eltern mit uns drei Kindern nach Dillingen fuhren, um Muschi zum ersten Mal dort hinzubringen und zum ersten Mal ohne sie zurückzufahren. Muschi kam zu einer Gruppe sehr netter Kinder, alle behindert. Sie erhielt von Papa und Mama Süßigkeiten und Geschenke. Ihre Kleider ordnete meine Mutter im Zimmer der Kinder in einen Schrank ein. Wir Buben spielten noch mit unserer Schwester, den Abschied von ihr erinnere ich nicht mehr. Allerdings hat sich für mein ganzes Leben eingeprägt, wie mein Vater außen auf der Treppe der Behinderteneinrichtung einen Weinkrampf bekam. Dieses Bild hat mich nie verlassen. – Wir gingen wortlos in den gegenüberliegenden Park und saßen noch einige Zeit auf einer Bank. Meine Mutter versuchte, meinen Vater zu stützen. Von diesem Moment an empfand ich meine Mutter als Säule der Familie. Auf der Heimfahrt ohne Muschi waren wir alle betroffen. Meine Mutter sagte: „Ich bin sicher, Muschi wird die Süßigkeiten alle verschenken." Auch das habe ich nicht vergessen, traf es doch einen Hauptcharakterzug meiner Schwester.

Es begann die Zeit der regelmäßigen Besuche in Dillingen, die Zeit von Fortschritten in der Schule, Muschi lernte schreiben, ein wenig rechnen, sie lernte auch schwimmen. Aber zu Hause war sie nur auf Besuch: an Weihnachten, in allen Ferien und an manchen Wochenenden.

*Nach Konzerten kam sie zu mir und sagte:
„Du hast gut gespielt – Ja."*

Der Abschied war immer schwer, Muschi hat immer geweint. Die Jahre gingen ins Land, Vater starb früh. Gott sei Dank war die fürsorgliche Mama immer da. Wir Buben studierten. Mein Bruder wurde Kinderarzt und ich war schon in jungen Jahren Professor in Würzburg. Muschi war inzwischen nicht mehr in Dillingen, sie war zu Hause bei Mama in Hohenschwangau. Ihr Stolz war, jetzt auch selbst im Beruf zu stehen, in der Behindertenwerkstätte in Kaufbeuren und Marktoberdorf. Später lebte sie auch im dort errichteten Wohnheim. Mein Bestreben war, meine Mutter zu entlasten und für meine Schwester ein Umfeld von Freundinnen zu ermöglichen, die sie im schlimmsten Fall, dann, wenn meine Mutter nicht mehr sein würde, auffangen würden. Als meine Mutter nach einer Operation die Diagnose erhielt, ihre Lebenserwartung sei ungefähr ein halbes Jahr, war unsere Familie im Schockzustand. Meine nicht zu entmutigende Mutter hat daraufhin eine Chemotherapie abgelehnt und sich selber mit alternativen Heilmethoden auseinandergesetzt. Sie hat das vernichtende Urteil der Ärzte mehr als sechs Jahre überlebt. Ich glaube, sie hat es für Muschi getan. Am Totenbett meiner Mutter habe ich ihr versprochen, für Muschi zu sorgen. Eine Stunde danach hat sie die Augen für immer geschlossen. Als ich vom Krankenhaus nach Hause kam, sagte ich zu Muschi: „Mama geht es gut. Sie ist jetzt im Himmel."
Als ich kurze Zeit danach in Augsburg im Kleinen Goldenen Saal konzertierte, kam Schwester Michaela auf mich zu. Sie war eine der ersten Lehrerinnen von Muschi, und Muschi wurde von da an „unser" Thema. Ich glaube, eine der besten Entscheidungen war, Muschi wieder die Möglichkeit zu geben, in Dillingen zu wohnen und zu arbeiten. Sie traf dort ihre ersten Freundinnen Marianne und Dora. Die drei haben geweint vor Freude. Schwester Michaela war mittlerweile Oberin der Dillinger Franziskanerinnen und Muschi lebte in der Gruppe Lea zusammen mit Marianne und Dora. So schloss sich ihr Lebenskreis. – Meine Frau Hyun-Jung und unsere beiden Söhne Julius und Immanuel haben Muschi ebenso geliebt wie ich. Wir waren nicht nur so oft wie möglich zusammen, sie war Teil unseres Lebens. Jährlich waren wir beim Asiagofestival, Muschi war bei allen Familienfeiern, sie war unsere Trauzeugin, Ferien und Wochenenden haben wir gemeinsam verbracht. Wenn wir verreisten, schlief Hyun-Jung im

Hotel mit den Kindern, und ich teilte mit meiner Schwester ein Doppelzimmer. Muschi hat das so entschieden, und es war wohl richtig so. Nach Konzerten kam sie zu mir und sagte: „Du hast gut gespielt – Ja." Ihr freudiges Lachen dabei und ihre nach oben weisende etwas verkrampfte Hand sind mir unvergesslich. Muschi war immer wahr. Als wir mit dem damaligen Bundesfinanzminister Dr. Theo Waigel zu einem Festessen eingeladen waren, Muschi war neben mir, fragte sie Theo, was er beruflich mache. Theo erklärte liebenswürdig, meine Schwester darauf fragend: „Ist das was Gescheites?" Vielleicht war ich in solchen Situationen nicht souverän genug, ich versuchte zu erklären, zu beschwichtigen. Muschi darauf: „Fragen darf man doch noch." Sie hatte recht. – Wir erlebten reiche Jahre mit ihr. Muschi kannte alle meine Freunde und Kollegen, Irene und Theo Waigel, Annette Schavan, Hans Maier, Sofia Gubaidulina, Pierre-Laurent Aimard und so viele mehr.

Was Muschi tat, tat sie intensiv. Sie lebte und erlebte intensiv. Sie aß und trank, so dass man sie bremsen musste, sie konnte weinen und im nächsten Moment lachen, wenn sie krank war, musste man das Schlimmste befürchten. Als Hyun-Jung und ich mit ihr Anfang Juni 2017 bei der Hochzeit des Sohnes meines Bruders, Tobias, waren, deutete sich an, was wenig später Ärzte in Dillingen bestätigten: Krebs ohne Hoffnung auf Heilung. Ich war bis ins Mark erschüttert und gleichzeitig nahm ich mir vor: Wir leben das Leben, jeden Tag, jetzt erst recht! So feierten wir einen wunderbaren Geburtstag in Dillingen im Kreis der Behindertengruppe Lea, der Betreuerinnen und der Schwestern. Wir sahen in Bildern, die Hyun-Jung tagelang für eine Diashow vorbereitet hatte, das Leben von Muschi vor uns, die Kindheit, die Eltern, die Erlebnisse. Anschließend erhielt sie als Bestärkung für ihren Lebensweg die Sakramente in der Kapelle nebenan. Danach waren „Sommerferien", die letzten. Wir waren zehn Tage in Hohenschwangau in unserem Elternhaus. Auf Muschis Wunsch besuchten wir das Grab unserer Eltern, wir unternahmen Ausflüge in die Natur, zu einsamen Seen und zu Freunden, zu Hause wünschte sie sich „Cellokonzert", ich spielte für sie, wir tranken zusammen die einzige Flasche Champagner, die wir hatten. Es war eine wunderschöne Zeit, allerdings nicht leicht für uns, denn plötzlich verschlechterte sich Muschis Zustand. Sie sprach von „schwarzen Männern, die Papa geholt haben, als er starb", machte aber plötzlich eine Kehrtwendung und sagte: „Schwarze Männer wie schwarze Peter", es war halb zum Weinen und halb zum Lachen. Muschis Sprache musste man verstehen. Sie war äußerst rücksichtsvoll. „Wenn man älter wird, dann ist es so", sagte sie. Jetzt war sie alt, mit 64 Jahren! Weinend haben wir uns von Hohenschwangau verabschiedet. Die letzten Tage in Dillingen begannen. Muschi wurde in dieser Zeit zu einer weisen Frau. Nicht ihre Schmerzen und Beschwerden waren wichtig, ihre Haltung war ihr wichtig, es war auch ihre Haltung unserem Herrgott gegenüber. Muschi hat ihr Kreuz angenommen, sie hat es getragen. Am Tag vor ihrem Tod sagte sie zu Hyun-Jung und mir: „Was machen wir, gehen wir ins Café?" Wir saßen noch einmal draußen neben einer Kapelle. Den Kakao konnte Muschi nicht behalten. Am Ende bestand sie darauf, uns einzuladen. Nachdem wir wieder in ihrem Zimmer waren, hat sie kontrolliert, ob ihr Geldbeutel wieder an der richtigen Stelle war. Danach habe ich sie noch einmal gesehen, zwei Stunden vor ihrem Tod.

Muschi hat gehustet, ein eigenartiges Röcheln kam aus ihrer Lunge. Im Nachhinein weiß ich, es war Wasser. – Ich konnte Muschi beruhigen, sie schlief ein, dann ging ich. Wenig später zu Hause rief mich mein Bruder an, kurz danach der Arzt, Dr. Zaune. Meine Schwester war gestorben.

Wir haben Muschi in Waltenhofen im Grab ihrer Eltern beerdigt. Es war ein tröstlicher Segen über ihrem Requiem. Wir spürten alle das Licht der Auferstehung, aber auch das ‚Entschwinden": „Und als er das gesagt hatte, wurde er vor ihren Augen emporgehoben, und eine Wolke nahm ihn auf und entzog ihn ihren Blicken …" (Apg 1,9). Die Beerdigung war wie ein Blick in den offenen Himmel. Elaine Arandez sang am Grab zu ihrer Gitarre den Psalm 23: „Der Herr ist mein Hirte, … Muss ich in den Abgrund, die Todesschlucht, dann packt mich die Angst. Du bist bei mir … Nichts wird mir fehlen" (nach Oosterhuis). Ich habe geweint.

An Muschis Geburtstag, nur zweieinhalb Wochen vorher, hat jede Mitbewohnerin der Gruppe Lea Muschi einen gebastelten Engel geschenkt, einen Engel der Liebe, der Zuversicht, der Freude.

Wenn ich an das Leben und Sterben meiner Schwester denke, dann weiß ich, sie ist ihren Weg ins Licht weitergegangen, sie ist befreit, sie ist ein Engel.

Trost

Aus dem Kosmos
Auf dem Windhauch des Zufalls
Die Sanduhr vor Augen
Geborgen in verborgenen Höhen

Das Dir Bestimmte naht
Die Sanduhr vor Augen
Die letzte edle Tat

Meine Tränen sehen eine treibende
      Eisscholle
Und eine weiße, lächelnde Gestalt
Auf ewigen Wellen

Ein Windhauch trägt Dich fort
In weiße Wellen

Später im Herbst auf dem Berg
Ist es der Windhauch
Der meine Augen zum Tränen bringt

Und meine Seele hört ein leises
      Rauschen ...
           ... von ferne

Keine Sanduhr trübt den Blick

Nur
Lächeln, leises Glück und Dank

Nachtlicht

Dunkler Novembernachmittag
Kahle Bäume stöhnen im Nordwind

Klang ewiggleicher Geschichten
Aus Vergangenheit und Zukunft

Ein Uferweg am tiefblauen See
Lenkt meine Schritte durch Zeiten des Lebens

In kühler Dämmerung
Lausche ich dem Widerhall meiner Gedanken

Verschüttete Zeichen werden sichtbar
Vielleicht sogar ein Sinn allen Dunkels

Trost der Sterne
Geleitet mich in das Licht der Heiligen Nacht

Nie erfüllte Träume des Lebens
Vollendet der süße Kuss eines Kindes

Und die Strahlen allen Seins
Verbinden sich zur ewig lichten
        Rose ohne Dornen

Skisocken

Wieder einmal war Sommer und wieder einmal verbrachte unsere Familie, wir drei Kinder und unsere Eltern, die Ferien in den zwei Dachbodenzimmern unseres Hauses in Hohenschwangau. Aus heutiger Sicht war es eine sehr einfache Bleibe, aber das empfanden wir nicht so, wir kannten es nicht anders. Nur in einem der Zimmer gab es ein Waschbecken, im Dachstuhl, neben dem Treppenhaus, war eine winzige Toilette. Meine Mutter kochte auf einem kleinen, alten Herd. Natürlich hatten wir weder Fernseher noch Telefon. Aus einem rauschenden Kofferradio mit verstellbarer Antenne konnte man mit Mühe die Nachrichten empfangen. Es war im Jahr 1969, ich war vierzehn Jahre alt. Ich erinnere mich noch, wie wenn es gestern gewesen wäre: Eines Morgens, sehr früh, vielleicht um sieben Uhr, klopfte es mehrmals an die Tür, niemand öffnete, das Klopfen wurde stärker, wobei wohl mein Vater aus dem Schlaf erwachte und die Türe öffnete. Er begrüßte Herrn Wintergerst, unseren Mieter aus dem ersten Stock. Die beiden Männer flüsterten, gewiss um uns Kinder nicht zu wecken. Ich ahnte sofort Unheil. „Es tut mir sehr leid", hörte ich Herrn Wintergerst beim Abschied sagen. Danach schlich mein Vater wortlos zu meiner Mutter. Meine beiden Geschwister schliefen fest, ich war hellwach und hatte Angst. Ich glaube, mich hätte sogar der besorgte Gesichtsausdruck meines Vaters wecken können. – Die wenigen Wortfetzen zwischen Vater und Mutter durch die geschlossene Türe bestätigten meinen Verdacht: Die von mir geliebte Großmutter war im Altersheim in Neuburg an der Donau allein in ihrem Zimmer gestorben. Ich weinte bitterlich, ich hatte sie besonders gern. Regelmäßig war ich bei ihr nach der Schule. Das war unser Geheimnis. Sie lebte dort für sich, weil es zu Hause, in der Familie ihres Sohnes, nicht friedlich möglich war.
Meine Großmutter hatte ihren einzigen Sohn, meinen Vater, zu sehr ins Herz geschlossen und war auf meine Mutter eifersüchtig. Meine Besuche bei ihr sollten zeigen, dass sie von uns allen geliebt wird. Meine Großmutter und ich hatten ein herzliches Vertrauensverhältnis. Wir haben uns alles erzählt. – Sollte dies jetzt zu Ende sein? Als ich meine Eltern noch leise reden hörte und ich schluchzend meinen Kopf in das Kopfkissen steckte, da öffnete mein Vater die Türe zum Kinderzimmer, er hatte wohl mein Weinen bemerkt. Ich fühlte mich in meiner Unbeholfenheit ganz klein und nahm die Einladung meines Vaters gerne an, in sein Bett zu kommen. Ich drückte mich an seinen kräftigen Körper und spürte, wie er mich beruhigte, ich spürte, ich war

*… ich vermied das „Wir schaffen das",
ich wusste, jetzt ist die Zeit des Abschieds gekommen.*

sein Kind. Es war das letzte Mal, dass ich mich so an meinen Vater anschmiegte. „Danke für alles", dachte ich, „Danke Papa", „Danke Oma!"
Als sich Jahrzehnte später meine sterbende Mutter von mir verabschiedete, sie lag im Krankenhaus in Füssen um die Jahreswende 2005 auf 2006, sagte sie eine Stunde vor ihrem Tod die gleichen Worte: „Danke für alles." Ich versuchte, in dieser Stunde nicht mehr gegen das Unausweichliche anzukämpfen, ich vermied das „Wir schaffen das", ich wusste, jetzt ist die Zeit des Abschieds gekommen. Die Mutter hatte ein Recht zu gehen, ich hatte kein Recht, zu versuchen, sie zurückzuhalten.
Ich spielte ihr auf meinem Cello einen Satz einer Suite von Bach. „Sehr schön", hörte ich Mama sagen, und ich erwiderte: „Du kannst in Frieden weitergehen, hier ist für alles gesorgt." Und als ich spürte, wie wenig später Schmerzen und Unruhe sich ihres Körpers bemächtigten, verabreichte der Arzt Morphium. Mutter schlief langsam ein, ihr Atem setzte aus und kam nochmals, setzte wieder aus und kam nicht wieder. Ihre Augen starrten nach oben, als ob sie etwas Unglaubliches gesehen hätte. Hatte sie schon die Ewigkeit geschaut?
Als mein Bruder mit seiner Frau Steffi, Hyun-Jung und ich sich dann von ihr zum letzten Mal verabschiedeten und weinten, dachte ich an meine besten Skisocken, die ich ihr am Vortag zum Wärmen der kalten Füßen übergezogen hatte. Ich sagte leise zu ihr: „Die Skisocken gehören jetzt dir, vielleicht wird es auf der Reise zum Himmel doch noch einmal kalt." Das war mein letztes Gespräch mit Mama, die schon nicht mehr am Leben war.
Als ich wiederum Jahre später bei herrlichem Wetter auf einer Skitour mit meinen Freunden dem Gipfelglück entgegen wanderte, da dachte ich unvermittelt an meine besten Skisocken, die ich jetzt nicht mehr hatte. Meine Gedanken gingen zu meiner guten Mutter und gleichzeitig zur Geborgenheit bei meinem Vater. Meine Freunde waren fröhlich. Ich konnte niemandem erzählen, warum ich oben am Kreuz geweint hatte.

*London, 27. Oktober 2015
einen Tag vor dem 38. Todestag meines Vaters*

Erdemolo

Jahre sind vergangen
Bis ich Dich fand

Hier oben im granitenen Fels
Da schweigst Du

Smaragdgrün und kristallklar
Dunkel, tief und geheimnisvoll

Spiegel des Himmels
Auge der Berge
Lago di Erdemolo
Mönch des Hochgebirges

Sind die zerbrochenen Felsblöcke
        am Ufer
Nußschalen meiner ewigen Träume
Schmerzhafte Erinnerung
        weit in die Zukunft hinein
Abschied und immer wieder Ausblick

Wohin geht der Weg
Wieso müssen wir alles verlassen

Meine Gedanken finden Zuflucht
        in den stillen Kreisen eines Adlers
        hoch über dem Wasser
Hoffnung und Zuversicht
        berührt meine Sinne

Ahnung von der geheimnisvollen
        und zarten Geburt
Im Blick auf das Abendrot
        des eigenen Lebens

Ein Hauch

Hast auch Du in Kindertagen
*   einen scheintoten Käfer*
*   durch einen zarten Hauch geweckt*

Einst wird uns ein letzter Hauch
*   das Leben schenken*

Im Anfang war das Wort
*   das heißt übersetzt „Hauch"*

Und das Wort lebt unter uns ...

Bist du scheintot oder lebst Du?

Am See

*Im Getuschel des Ufers
und den Spiegelungen der Sonne
schwimmt himmlische Musik
in die Dämmerung*

*Was kann ich festhalten
für die Dunkelheit dieses Lebens*

*Lautlos wird mein Traum
Zeuge
einer unendlichen Zuversicht*

Bodensee, 2. Dezember 2016

Slava

„Wenn ich in den Himmel komme", so Slava vor ungefähr 35 Jahren, „werde ich Beethoven bitten, ein Cellokonzert zu schreiben." Wie wir Slava kennen, hat er dieses ihm gewidmete Cellokonzert von Beethoven mittlerweile weit über hundertmal im Himmel gespielt, sogar Pablo Casals hat es ins Repertoire aufgenommen und Raimund Trenkler, Leiter der Kronberg Academy, denkt angestrengt darüber nach, wie er die Erstaufführung dieses wichtigen Werkes nach Kronberg bringen kann. – Dass Beethoven zu Lebzeiten kein Cellokonzert geschrieben hat, lag nur daran, dass Slava erst im 20. Jahrhundert gelebt hat. In seiner Lebenszeit hat praktisch jeder bedeutende Komponist für unser Instrument geschrieben, fast immer war es die Initiative Mstislav Rostropovichs.

So sucht Slava Nähe, zeitlebens hat er Nähe gesucht – Nähe zu Menschen, Nähe zu Komponisten, zu seinen Zeitgenossen und zu historischen gleichermaßen, Nähe zur Kunst. Neben so vielem erinnere ich mich an seine besondere Liebe zu Dostojewski und Solschenyzin. Slavas Leben war ein Ringen um Nähe. War es Sehnsucht nach Inspiration, nach Licht? „Wir sind nicht gemeint, gemeint ist, was an uns Licht gibt", so Ilse Aichinger. Ich erinnere mich, wie sehr uns Slava lange vor dem Aichinger-Zitat diesen Sinn einzuprägen versuchte: „bescheiden" zu sein, „Diener", vergleichbar der Mission eines Priesters, wenn es um die Interpretation eines Werkes geht. Der Interpret als Mittler in höchster Verantwortung erschafft die Nähe seiner Zuhörer zum Geiste des Werkes, sein Wirken ist wichtig, er selber nicht. Vor langer Zeit sagte uns Slava im Unterricht: „Und jetzt ich sagen für Sie, meine liebe Kollegen, wichtigste Sache in meinem Leben: Eine Cellist – und sowieso jede Künstler – muss haben alle Qualitäten überhaupt, er muss haben ganz große Herz, aber muss auch haben kleine Teufel, ja ja! Er muss haben sehr viel Traurigkeit und viele Tränen, aber er muss auch sein lustig und glücklich und auch ein wenig verrückt!", so Slava im Unterricht in Basel. Der komplette Kosmos des Menschseins steht im Dienst, auch der „kleine Teufel", der den Prozess des Erkennens anregt. Von der Ausgeglichenheit eines Menschen, der Yoga betreibt, hielt Slava nichts, er war auch kein gesundheitsbewusster Teetrinker. „Lieber fünfzig Jahre intensiv als hundert Jahre nur mit Tee", sagte er mir einmal.

... diese kraftvolle Nähe,
    die fast alles zum Gelingen bringen kann ...

Slavas Umgang mit seinen Talenten könnte aus der Bibel stammen. Er, der alle menschlichen Eigenschaften und dazu in zehnfacher Konzentration in sich hatte, so Leonard Bernstein, hat uns Lehren für das Leben geschenkt. Mischa Maisky sagte hier in Kronberg, er wage es kaum auszusprechen, aber seiner Meinung nach war die herausragendste Lebensleistung von Slava die als Lehrer. Er erwähnte die visionäre Kraft, durch die ein Werk von Bach, Beethoven, Schostakovich oder anderen im Menschen geboren wurde, diese kraftvolle Nähe, die fast alles zum Gelingen bringen kann, und er erwähnte auch die Situation, als sein Vater starb. Slava schickte die anderen Studenten nach Hause und setzte sich mit Mischa auf den Boden, mit einer Flasche Wodka, und sprach mit ihm. Es war menschliche Nähe, Trost in einer schweren Stunde.

Hier in Kronberg, anlässlich der Uraufführung eines Werkes von Hans Werner Henze für Celloensemble, war er der Einzige, der seinen Part perfekt vorbereitet hatte. Seine Stimme war mit zwei Farben markiert, einschließlich der Einzeichnungen aus der Partitur, Strichen, Fingersätzen. Slava verteilte seine Bleistifte und Radiergummis, die wir nicht dabei hatten. Hier war es intensive Vorbereitung für die Nähe zum Werk. Ich bin sicher, Slava hätte heute auch ein Wort zum Unrecht gegen Julia Timochenko gesprochen. An seiner Stelle fordern wir die Einhaltung der Menschenrechte in der Ukraine.

Hinter Slavas Mühen um Nähe stand eine tiefe „humanitas", eine große Verantwortung als Mensch. Sein Ringen war auch ein Ringen um die Nähe zu Gott. Elena, seine Tochter, hat uns hier sein zerfleddertes Gebetbuch gezeigt, das er immer bei sich hatte. Slava hat jeden Abend gebetet.

In der Zeit des Materialismus und Egoismus hat Mstislav Rostropovich Zeichen gesetzt, die sich wie Leuchtfeuer durch die Zeiten fortpflanzen. So sind wir ihm auch heute, gestern und morgen nahe. Seine Botschaft ist zeitlos, er hat bewiesen, dass Glauben Berge versetzen kann. Ich erinnere mich an eine Geschichte aus dem Unterricht. Ein Student fragte: „Wie soll ich denn diese Stelle spielen?" Slava: „Weiß nicht!" Dann erzählte er eine Geschichte:

Der Lehrer fragt den kleinen Iwanuschka: „Hast Du schon mal eine Wespe gesehen?" „Ja natürlich!" „Und wie groß ist sie denn?" „Soooooo groß." Iwanuschkas Arme sind weit ausgestreckt. „Oh", meint der Lehrer erstaunt, „ja wie groß ist denn ein Wespennest?" „So groß." Iwanuschka deutet mit Daumen und Zeigefinger wenige Zentimeter an. „Ja, aber wie kommt denn die Wespe ins Nest?" „Weiß nicht? Sie brummt, brummt, aber kommt irgendwie rein." Lieber Slava, wir danken Dir. Du bist immer noch Deine Lieblingsfigur der Literatur, ein von Idealen beseelter Don Quixote. Auf einem charaktervollen Pferd reitest Du durch unser Leben! Du warst und bist so verschwenderisch mit Deiner Liebe zu uns! Lieber Slava, DANKE! Wir lieben Dich!

Rede anlässlich des fünften Todestages
von Mstislav Rostropovich
am 27. April 2012

Rückkehr

Spät am Abend
Wenn Stille laut in mir anklopft
Und meine Gedanken wie in dunklen
      Mäandern
Vom schroffen Berg in die sanfte Weite
      des unendlichen Meeres fließen

Da erscheint Sinn und Sein
      in anderem Licht
In ewigem Licht

Scheinbar Bedeutendes wird unwichtig
Sündhaft

Der Widerschein von Kinderaugen
Sucht seinen Platz im Herzen

Spiegel der Wahrheit
Spiegel des Lichtes im Meer

Die Rückkehr der Gedanken
In die eigene Unvollkommenheit
Schmerzt

Immer wieder diese Reise
Immer wieder neue Maßstäbe

... Bis am Berg
Im Frühjahr unseres Seins
Tauwetter einsetzt

Und zum leisen Klang
        des vergehenden Eises
Blaue Blümlein durch den Schnee
        himmelwärts streben

Langsam verschiebt sich eine Grenze
        nach oben
Und befreit den Weg zum Kreuz
Nur noch wenige Schritte
Und die Zeit bleibt stehen

Das helle Kreuz erscheint im Spiegel
        des tiefblauen Meeres
Vor einem sich auflösenden Horizont

Alles wird eins
Der Atem der Unendlichkeit
        geht über in mein Schweigen

Unüberhörbares Licht
In der Stille der Heiligen Nacht

Advent

Pochender Herzschlag des Advent
Specht an der Nußschale meiner Zeit

Brichst Du blutende Dornenzweige
Am Scheideweg zum Kind in mir

Brichst Du das Kreuzesbrot?

Hoffen ist zu wenig

Höre ich Deinen Herzschlag
Der meine Hände bewegen will

Höre ich Deinen Klang
An der Bruchstelle meiner Nußschale

Wo Zukunft in ewiges Licht getaucht wird
Wo Geburt beginnt

Krakau, Dezember 2008

Gidon

Verehrte Ehrengäste, liebe Mitglieder der Kremerata Baltica,
sehr verehrte Damen und Herren, lieber Gidon,

die eben vernommenen Klänge lassen erahnen, welche Lebenserfahrungen und Lebenswege Tschaikowski und Schumann zu ihren Werken inspirierten und welche Lebenserfahrung und welche Lebenswege zu einer derartigen Interpretation führen.
Gustave Flaubert schreibt im Jahr 1853, drei Jahre nach der Entstehung des eben gehörten Konzertes von Schumann: „Seltsam – mit dem Maß, in dem man auf der Stufenleiter der Lebewesen nach oben gelangt, nimmt die Sensibilität, das heißt Leidensfähigkeit, zu. Sollten Leiden und Denken ein und dasselbe sein? Demgemäß wäre ein Genie nur eine Verfeinerung des Schmerzes, eine vollständigere und intensivere Durchdringung unserer Seele …"
Wir haben eben das „per-sonare", wörtlich übersetzt das „Durchklingen" von Seelenerfahrungen, erlebt. Aus dem lateinischen Wort „personare" leiten sich die deutschen Begriffe „Person" und auch „Persönlichkeit" ab.
Nur eine Interpretenpersönlichkeit wie Gidon Kremer kann uns derartige Hörerlebnisse schenken, weil er ein Denker ist, der das mit dem Denken verbundene Leiden kennt, weil er selber ein Hörender ist, ganz im Sinne Luigi Nonos, der einmal bemerkte, richtiges Hören, genaues Zuhören, ja Hineinhören verändere das Bewusstsein. Mit diesem Bewusstsein verändert sich die Erkenntnis der Welt. Gidon Kremer ist einer der wenigen, der diese Erkenntnis ernst nimmt. Für ihn ist sie eine Maxime seines Handelns. Denken wir nur an Gidon Kremers Briefe, die mutig offene Ungerechtigkeit und Verfolgung in Russland benennen, an seine Bekenntnisse, an seine Konzerte, zuletzt in Berlin, die eine Stimme gegen Gleichgültigkeit und Opportunismus sind und gleichzeitig eine Stimme für die Menschlichkeit.
Gidon Kremer geht mutig und konsequent den Weg seiner inneren Überzeugung. Er unterliegt nicht den Interessen von Geld und Geltung, verzichtet lieber vorübergehend auf das Konzertleben, wenn Agenten zugkräftige Namen wichtiger sind als die von ihm vertretene künstlerische Qualität.

Gidon Kremer lebt das Motto, das auch Luigi Nono liebte:
„Wanderer, es gibt keinen Weg. DU musst gehen."

Schon während meiner Studienzeit fiel mir auf, dass sich Gidon Kremer nicht scheute, dem vom Schönklang verwöhnten Salzburger Festspielpublikum im Beethovenkonzert die Kadenz von Schnittke „zuzumuten". Die Wege von so viel ungehörter Musik hat Gidon Kremer bereitet: Alfred Schnittke, Erwin Schulhoff, Sofia Gubaidulina, Giya Kancheli, die Werke einer Vielzahl von Komponistinnen und Komponisten fanden dank seines unermüdlichen Wirkens Einzug in die Konzertprogramme. Auch das zeugt von Mut im Einklang mit innerer Überzeugung:

        Mut, eingefahrene Wege zu verlassen
        Mut zu einsamen Wegen
        Mut, gegen den Strom zu schwimmen
        Mut zu Wahrhaftigkeit und Menschlichkeit

Gidon Kremers Mut ERMUTIGT. Seine innere Stimme scheint mir seelenverwandt mit Rainer Maria Rilkes Zeilen:

        „… Täglich stehst du mir steil vor dem Herzen
        Gebirge, Gestein,
        Wildnis, Un-weg: Gott, in dem ich allein steige und falle und irre …
        Weisend greift mich manchmal am Kreuzweg der Wind,
        wirft mich hin, wo ein Pfad beginnt,
        oder es trinkt mich ein Weg im Stillen …"

„Weg" bedeutet bei Gidon Kremer im doppelten Sinn des Wortes auch „weg":

        weg von unbedachten Traditionen
        weg vom „mainstream"
        weg von den Zentren, zum Beispiel hierher nach Eckelshausen
        weg von eingespielten Mustern
        weg vom Materialismus

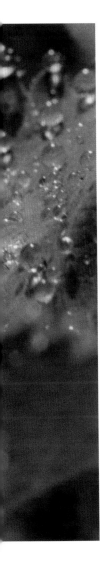

Wir erleben in ihm einen Menschen, der jeden seiner Schritte hinterfragt, der seinen Weg beständig überprüft und um ihn ringt, einen Menschen, der sich auf überraschende Pfade einlässt, weil sie nach seiner Überzeugung „wahr" sind.

Gidon Kremer lebt das Motto, das auch Luigi Nono liebte: „Wanderer, es gibt keinen Weg. DU musst gehen."

Lieber Gidon, ich kenne Deine Spuren seit meiner frühen Jugend. Wir beide sind uns in den 1980er-Jahren zum ersten Mal begegnet, als Du mich nach Lockenhaus eingeladen hattest. Wir haben Musik zusammen gespielt, durch Dich habe ich Schulhoff und Enesco entdeckt. Die größte Entdeckung und Prägung war für mich allerdings Deine innere Haltung. Sie hat mir Kraft gegeben für so manch einsamen Weg auf der „Suche nach einer besseren Welt" – dies ist ein Buchtitel des bedeutenden Philosophen Karl Popper. Für die Eckelshausener Musiktage ist Deine Haltung Symbol für unser Thema „Menschlichkeit".

Lieber Gidon, wir und so viele Menschen zehren von Deinem Licht, das durch Dein Sein und durch Deinen Klang strömt. Es ist ein Widerhall Deiner Wahrhaftigkeit und Deiner Liebe.

Laudatio anlässlich der Eröffnung der Eckelshausener Musiktage 2016

Rainer Maria Rilke: Die Aufzeichnungen des Malte Laurids Brigge, Hg. von Manfred Engel, Verlag Reclam Stuttgart 1997, S. 336.

Weg

Wanderer
Es gibt keinen Weg
Du musst gehen*

Auf einsamen Tritten
Durch unberührtenSchnee
In unbegreifliche Weite

Vergehende Traurigkeit
Wird den Zauber eines Liebestraumes
In Dein pochendes Herz wehen

Wanderer
Es gibt keinen Weg

Aber das Lächeln feuchter Kinderaugen
Wird wieder Dein Lächeln sein

Denn unsichtbar
Begleitet Dich eine rote Rose

*nach einer Inschrift auf einer Klostermauer der Franziskaner aus dem 13. Jahrhundert in Toledo, siehe auch „Caminantes ... Aquacucho" von Luigi Nono

Brot brechen
Zerbrechlich
Liebe

Zwei Enten am Ufer
springen ins Wasser
bleiben sich treu

Catarina

Da las ich sie wieder, ihre Briefe, geschrieben auf einer „Erica" aus dem Jahr 1945. Wir haben uns regelmäßig geschrieben, gesehen haben wir uns meist nur einmal im Jahr, wenn ich zur Sommerakademie nach Salzburg reiste. Dort sind wir uns auch zum ersten Mal bewusst begegnet: Es war im Jahr 2004, im Garten des Mozarteums, beim „Zauberflöten-Häusel". Tatsächlich war es ein Wiedersehen. Das wussten wir zunächst nicht, aber wir erkannten im anderen sofort uns selbst, unser Ringen um Gültiges, um Musik in Worten und um Worte in der Musik, unser Ringen um das Leben und seinen Sinn.
Die Überraschung der kurzen Unterhaltung war, dass Catarina im Jahr 1987 nach einem Konzert in der Wieskirche über den ihr bis dahin unbekannten Cellisten Julius Berger ein Gedicht geschrieben hatte:

Am Violoncello, Julius Berger (1987)

    Er macht nicht Musik
    Er ist Musik

    Das Leben blüht im Klang
    bis in die Sterne,

    mit einem geatmeten
    Bogenstrich
    gewinnt er dem Tod
    ein Lächeln ab

    unsterblich

... wir erkannten im anderen sofort uns selbst,
unser Ringen um Gültiges, um Musik in Worten
und um Worte in der Musik ...

Die Geschichte von Catarina und mir ist eine Geschichte der innigen Nähe durch Briefe. Wir trösteten uns, als Hermann Regner, Catarinas Ehemann, starb, als meine Mutter schwerkrank und schließlich nicht mehr auf dieser Welt war.
Gedanken und Gedichte vertrauten wir einander an. Ihre Wertschätzung für meine Gedichte hat mir Kraft gegeben, auf diesem Weg weiterzugehen.

Ich glaube nicht an Zufall im landläufigen Sinn, sondern schreibe das Wort mit Bindestrich. Und so habe ich große Freude an dem Zu-Fall unserer Begegnung mit Ihnen und Herrn Roczek, drei Musiker und ein Schreiber.
Damals wusste ich noch nicht, dass Sie auch Gedichte träumen und schreiben. Wozu Konzertpausen im Mozarteum nicht gut sein können – außer der Musik, die man vor- und nachher hören kann. Es ist immer wieder spannend, Menschen gegenüberzustehen, die man nicht kennt. Ihren Namen habe ich natürlich bei der Vorstellung nicht verstanden, wie immer, habe aber immerzu gedacht: Den kennst du doch, wer ist das nur? Und darum entfuhr mir, als ich kapierte, wer Sie sind, die höchst geistreiche Bemerkung: „Ach – Sie sind das."
Dank für die Gedichte. Auch das noch ... Manche sind fast Musik. Aber immer nur fast, weil Musik dem Wort über ist – vielleicht Hölderlin ausgenommen.
Einiges ist unverlierbar eingerastet: „..., singt ein schlohweißer Vogel sein kristallenes Ja" (in „Berg"). Weiter ist unvergessen: „Geträumter Weg, den nur die Hirten und Tiere kennen" (in „Klang"). Das Schönste – ich bitte das nicht nur ästhetisch aufzufassen – sind die „Perlen", sowohl was das seltene Thema und die Form betrifft, was ich auch immer wieder lese: „Im Anfang war das Wort", besonders die erste Strophe und die kurze, schwebende Schlussfrage. Weshalb gerade diese Stellen? Ich weiß es nicht. Es muss sich um „Wahlverwandtschaft" handeln.
Wenn mich jemand fragen würde: „Wie sind denn die Gedichte von Julius Berger?", würde ich versuchen zu antworten: „Sie wachsen aus Ehrfurcht, Liebe, Glauben, Freude, Hoffnung und Vertrauen – die Dankbarkeit nicht zu vergessen." Und die Träume nicht. Mir fällt auf, dass das lauter Worte sind, die heute selten geworden sind oder missbraucht werden.
Danke.

Mein Gedicht für Catarina zum Jahreswechsel 2006/2007

Im Spätsommer oben am sonnenbeschienenen Hang
ragen hunderte giftiger blauer Zeigefinger aus dem Gras

Mahnende Herbstzeitlose erinnern an verrinnende Zeit
auf dem Weg in die Dämmerung

Weg der Vertrautes zurücklässt und nicht nach Hause führt
Leben kennt kein Zurück

Des Nachts rückt der Mond den Zeiger der Kirchturmuhr unaufhaltsam weiter ...

Ich nehme verstimmte Töne in mir wahr
und denke sehnsuchtsvoll an die Klänge meiner Kindheit
als mich meine Mutter am Klavier begleitete
Tränen öffnen mein Herz

das Wunder der ersten Jahre meines Lebens wird wieder wach
der Duft des Advents, Erinnerungen an Barbarazweige
und Kinderträume

Weihnachten und meine stille Sehnsucht
werden wohl immer in mir bleiben

Gott sei Dank

Und wie schon damals verwandelt das Licht jeder Kerze die Tränen meines Herzens
in Zuversicht und süße Hoffnung.

Julius Berger, Polen, Oktober 2006

Catarinas Antwort mit einem Gedicht über die „Herbstzeitlose"

Das ist ein sehr schönes Gedicht, das sofort nach innen geht, wo Gedichte hingehören. Es ist alles darin, was ein Leben ausmacht: Sehnsucht und Hoffnung ...
Die „Herbstzeitlose" – was für ein schönes Wort – achten Sie auch auf die Silben „zeitlose"...
hat mich an ein kurzes Gedicht erinnert, das ich vor Jahren in der Lauterbacher Mühle an den Ostersee geschrieben habe. Ich darf es beilegen ...

>Leise
>Die Herbstzeitlose,
>hinfällig im Schattengrün,
>
>die scheue Sonne
>hinter den Wolken
>
>und dieser Zehenspitzenwind
>über dem See –
>
>leise, leise,
>der Sommer schläft ein.
>
>*CC 1990*

Nach unserem gemeinsamen Abend „Musik und Lyrik" bei den Eckelshausener Musiktagen 2007 schrieb mir Catarina:

Wenn mir jemand gesagt hätte, dass ich einmal einen gemeinsamen Abend mit Julius Berger haben würde, hätte ich den Wahrsager ausgelacht.
Aber: „Man kann nicht so verrückt denken, wie es kommt." (Sprichwort)

Vor dem Konzert die gute lange Wartezeit in dem Zimmer mit der ur-alten Uhr, die ständig „mit der Zeit" ging. Und mit dem einzigen Fenster. Jetzt kommt etwas, das ich bisher nur Monsieur erzählt habe: Ich stehe am offenen Fenster. Unter mir, rechts und links von mir, Grün, Grün, Grün, darüber ein riesiger Himmel. Haben Sie schon einmal erlebt, dass eine Landschaft Sie überwältigt hat? Es war plötzlich etwas da, das mich aufgehoben hat, wie zu einem Flug oder einem Sturz. Es war wundervoll und schrecklich zugleich. Ich habe mich mit beiden Armen, rechts und links an den Fensterseiten festgehalten – Sekunden, Ewigkeiten lang. In diesem Augenblick ein Geräusch von einer Tür.
Sie kamen herein. Das war im gleichen Moment die Rückkehr in die Gegenwart. Kurz darauf: Tränen. Aber das haben Sie, glaube ich, nicht bemerkt. Als es hieß: „Ihr Auftritt bitte", war ich ganz ruhig und glücklich von Kopf bis Fuß.
Warum?
Über zwei kurze Sätze.
Sie: „Ich gebe Ihnen all meine inneren Kräfte."
Ich: „Und ich gebe Ihnen meine."
Wir waren im Ein-Klang – es musste ein guter Abend werden.

Am 30. November 2007 schrieb ich Catarina, auch unter dem Eindruck der Lektüre eines ihrer Gedichtbände:

Verehrte, liebe Catarina Carsten,
seit wenigen Stunden bin ich zu Hause. Ich fuhr nach einem bewegenden Konzert mit Messiaens „Quartett auf das Ende der Zeiten" in der historischen Universitätsaula in Heidelberg noch

Darf ich mich zu den nackten Dornen zählen,
die im Licht Ihrer Worte zu blühen beginnen?

nach Hohenschwangau und habe kaum geschlafen. Die letzten Worte Messiaens über „immortalité" und „éternité" und der Klang Ihrer Gedanken haben mich getragen und werden weiterhin helfen zu überwinden. Hoffentlich konnte mein Cellospiel in Hermann Regners Abendbildern ebenso helfen, diese Tore weit zu machen; in mir ist dies geschehen.
Darf ich mich zu den nackten Dornen zählen, die im Licht Ihrer Worte zu blühen beginnen? Ich trage diesen Schatz in mir, vielleicht hört man ein wenig davon, gestern jedenfalls schien es so. So danke ich für die wundersamen Gaben dieser Woche, Ihnen, Ihrem Menschsein, Ihrem Werk und ebenso Ihrem verehrten Gatten Hermann Regner,
stets Ihr Julius Berger

Anlässlich der Sommerakademie 2010 sahen wir uns wieder, zu Hause bei Catarina. Ihr Mann war inzwischen verstorben. Wir sprachen und wir schwiegen. Die Ewigkeit hatte Catarinas Haus berührt. Zum Abschied schenkte sie mir einen ihr lieb gewordenen Stein vom Berg Athos.

> Lieber Julius,
> der ur-alte Stein ist glücklich,
> einem Menschen zu gehören,
> der weiß,
> dass Steine
> leben.
> Ich bin glücklich über das Geschenk des Wiedersehens.
>
> Geschrieben in Puch, am Mittwoch, 25. Aug. 2010

Der Stein ruht auf meinem Nachtkästchen, ich berühre ihn jeden Abend.
Silvester 2016 telefonierte ich mit Catarina. „Ich bin jetzt 96, glaube ich." Ich dachte für mich, Du bist alt, aber unsere Zeit wird immer sein und nie vergehen.

März 2017

Ausblick und Rückblick

Das Älterwerden schenkt Ausblicke in Bereiche jenseits der Grenze, die wir einst überschreiten werden, es schenkt auch Blicke zurück. Das Geheimnis des Berges wird offenbar. Unser Leben ersteigt den Berg, der das Licht beherbergt, wir erfahren Geborgenheit. Unsere Schritte orientieren sich an den Blicken zurück und voraus. Einheit mit allem wird größer, Werte verschieben sich, wenn wir nicht eigensinnig beharren und bereit sind, „Ja" zum Licht zu sagen, wenn wir uns leiten lassen. Liegt das Glück in der Grenzüberschreitung? Sicherheit gibt es nicht, hoffentlich immer Zuversicht – Leben endet nie!

20. Mai 2014
Flug nach Korea, Nacht

Lichtspuren

Silvesterkonzerte in St. Mang

Er lebte als Einsiedler, der heilige Magnus, dem die Pfarrkirche St. Mang meiner Heimatstadt Füssen geweiht ist. Dieses Gotteshaus hat mich schon in meiner Kindheit besonders angezogen, ein Ort voller Geheimnisse, Geborgenheit von Verborgenem. Dieser Raum schafft in mir Begegnung mit dem Wort von Ewigkeit (im „Römischen Triptychon" von Johannes Paul II.). Seit einiger Zeit sind es auch die „Lichtspuren" von E. LIN über Altären und Krypta, die in mir aufleuchten, selbst wenn ich fern der Heimat an „mein" St. Mang denke.

*Lichtspuren schaffen Stille, Stille wird zur Lichtspur,
ein Leuchten, in zwei Richtungen, zurück zum Ursprung ...*

Dann betet die Kirche in mir. Ich denke dann oft an mein Kreuz, mein Cello und meinen Bogen. Im Schnittpunkt dieses Kreuzes entsteht Klang, auch Klang ist Licht, und seit meinem 25. Lebensjahr ist dieses Kreuzeslicht das letzte Gebet jedes Jahres in St. Mang, es ist mein Gebet, das ich mit vielen Menschen nach dem Jahresschlussgottesdienst teile. Es ist kein „Konzert", allerdings würde ich diesen Begriff in meinem Berufsleben weiter auslegen, nämlich so, wie es viele Menschen mit mir am letzten Tag des Jahres in St. Mang empfinden. Und so empfinde ich auch die Lichtspuren in dieser Kirche von Johann Jakob Herkomer bis E.LIN als ein wahres Konzert.

Paul Klee spiegelte malend und wortgewaltig derartige-Spuren:

> *Eine Art von Stille leuchtet zum Grund.*
> *Von Ungefähr*
> *scheint da ein Etwas,*
> *nicht von hier,*
> *nicht von mir,*
> *sondern Gottes.*

Lichtspuren schaffen Stille, Stille wird zur Lichtspur, ein Leuchten, in zwei Richtungen, zurück zum Ursprung, zum „Grund", und in das noch unbestimmte Dunkel meines Lebens: Die zwei entgegengerichteten Strahlen treffen sich – in mir.

Spurensuche ist Gottessuche.

> *Gottes!*
> *Wenn auch nur Widerhall,*
> *nur Gottes Spiegel,*
> *so doch Gottes Nähe.*

... zum „Grund", und in das noch unbestimmte Dunkel meines Leben ...

*Wenn ich an Silvester nach dem letzten Ton
in der klangvollen Stille des Kirchenraumes
auf den ersten Glockenschlag vom Kirchturm warte ...*

Im Sichtbaren Unsichtbares erahnen. Ein Lichtschlüssel scheint verborgene Räume zu öffnen, und dennoch bleibt das Geheimnis Geheimnis, die Ahnung und das Staunen werden unermesslich. So leitet uns das Licht, das zur bleibenden Begegnung wird, zur entscheidenden Lebensfrage, deren Antwort im ewigen Leben zu liegen scheint. In diesen Momenten dürfen wir Ewigkeit in uns ertasten.

> *Tropfen von Tief*
> *Licht an sich.*
> *Wer je schlief und der Atem stand.*
> *der ...*
> *Das Ende heim zum Anfang fand. (Paul Klee, 1914)*

So schließt sich der Kreis des sich begegnenden Lichts in uns und wird zum Symbol für den Lebenskreis, wenn „das Ende heim zum Anfang" findet. Ich denke an „Tropfen von Tief", an Tautropfen, die Lichtspuren in die Farben des Regenbogens verwandeln. Mein Kind Immanuel, der in St. Mang Getaufte, sagte früher „Lebenbogen" und malte Serien von Bildern. Wir Erwachsenen meinen, er spricht das „R" noch nicht, es könnte aber auch sein, er meint „Lebensbogen", dessen Licht der auferstandene Jesus Christus ist.
Vielleicht sind wir noch zu erwachsen für so manche Spur, die Geburt des Kindes in uns, des Lichtes, das zur bleibenden Begegnung wird, es wird unser Leben wandeln, über unser Leben hinaus.
Wenn ich an Silvester nach dem letzten Ton in der klangvollen Stille des Kirchenraumes auf den ersten Glockenschlag vom Kirchturm warte, dann spüre ich Vergänglichkeit. Ich denke zurück und voraus und gehe still in die Sakristei. Der „Lebenbogen" geht weiter!

Paul Klee: Gedichte, Arche Verlag Zürich-Hamburg 2001, S. 94.

... dann spüre ich Vergänglichkeit.

Staunen
WORT von Ewigkeit.
Wie wunderbar ist DEIN Schweigen ...
„... in mir liegt der Ort der Begegnung
mit dem WORT von Ewigkeit –
halt inne, das Vergehen hat einen Sinn,
hat einen Sinn ... einen Sinn ... einen Sinn!"

Johannes Paul II.: Römisches Triptychon, Verlag Herder Freiburg im Breisgau 2003, S. 19f.

Was ist denn Tau anderes als Tau?
Nachwort von Arnold Stadler zu den „Tautropfen" von Julius Berger

Wenn ein Buch mit „Schon als Kind" beginnt, dann weiß ich, dass ich mit meinen Augen auf dem richtigen Weg bin. Und hoffen darf, dass ich irgendwo ankommen werde. Und dass dieser Band, der Tautropfen heißt, ein kindlichfrommes, musikalisches Vorzeichen hat und eine Komposition aus Wort und Bild ist.
Und dass ich am Ende sagen konnte, dass es schön war, dass ich darin lesen und sehen konnte, und dass ich froh bin, dass es dieses Buch gibt, möchte ich auch noch sagen.
Freilich war ich nie ein Musiker, wenn wir dies als Berufsbezeichnung nehmen. Wohl aber war ich immer schon ein Hörer und ein Seher, dazu ein Mensch, der sich seine Welt nicht aufteilen ließ in diese und jene Disziplin; dessen Welterfahrung vielstimmig ist und die Welt als Ganzes aus Sichtbarem und Unsichtbarem, aus Wort und Bild und Klang, aus „heaven" und „sky", ja, als Weltraum wahrnimmt. In diesem Weltraum vernahm ich nun die Wörter und die Tautropfen, wie sie mir als Ganzes entgegenkamen.
Julius Berger sah und hörte ich das erste Mal vor mir, wie er Bach spielte und atmete und lebte. Es war in Mainz. Wir sind beide, wie es so schön heißt „ordentliche Mitglieder" in der Mainzer Akademie der Wissenschaften, der Literatur und Musik. Seinen Namen kannte ich freilich schon zuvor. Über Karl Kardinal Lehmann, dessen Sätze diesem Buch vorausgehen, und besonders auch Annette Schavan waren wir, fast möchte ich sagen: von Anfang an verbunden. Freilich auch über unsere Disposition und Erfahrung der Welt als Weltraum aus Sprache, Bild und Klang. Unvergessen ist mir in diesem schönen Zusammenhang das Fest zum 60. Geburtstag von Julius Berger im Goldenen Saal der Stadt Augsburg.
Und nun die „Tautropfen", diese.
Gedichte gehören für jenen, der zu hören vermag, auch in die Abteilung der Musik, sie sind eine Art Sprachmusik, die da weitermacht, wo bloße Sätze mit ihren Gedanken, Inhalten und Informationen nicht weiterkommen. Und dass auch Gedichte voller Bilder sind, ist auch bei Julius Berger evident. Ein Halbsatz schien mir wichtig: „Das Schönste – ich bitte das nicht nur ästhetisch aufzufassen" – darf ich diesen Halbsatz so weiterführen, indem ich „ist wahr" hinzufüge? Dies ist ein Schlüssel. Es gibt aber mehrere Schlüssel.

Jedes Buch ist auch eine Partitur, das wir lesend zur Aufführung bringen. Besonders im Zusammenwirken dieser mehr als fotografisch erfassten Tautropfen mit den Gedichten dieses von Brigitta Ritter so empathisch wie klug gestalteten Bandes kommt das für mich Wesentliche dieses Buches zum Vorschein und auch zum Erklingen: das Ganze als das einigende Eine von Wort und Bild und Klang und Leben.

Sehr schön auch, wie die Gedichte in die Bilder hineinkomponiert sind, sodass eine Weltraumpartitur entsteht. Und auch die erzählenden, ganz konkreten Passagen aus dem Leben von Julius Berger – zu Herzen gehende Sätze der Erinnerung an die Eltern und die Schwester, an die ersten Schritte in die Welt der Musik, dann mit Kollegen wie Mstislav Rostropovich und Gidon Kremer, kamen mir entgegen.

Die Texte sind oftmals mit genauen Datumsangaben und Ortsangaben wie „auf dem Flug nach Korea" versehen. Als wäre es fürs Tagebuch oder als wäre es aus einem poetischen Logbuch fürs Leben: So vergegenwärtigen sie einen Nachklang von Begegnungen des Lebens bis zu diesem Augenblick, da der nachträgliche Leser mit seinen Augen und seinem ganzen Wahrnehmungssensorium dazukommt. Und das Erinnerte zu einer zweiten Gegenwart werden lässt. Was für mich gerade für das Lesen eines Buches das Entscheidende ist.

Dass die Welt Klang ist, kann ich hier geradezu sehen; und so kommen die Elemente in eins. Aufschlussreich der schöne „Schlüssel"-Text „Die Rose". Wie Julius als vielleicht Zwölfjähriger in der Augsburger Musikalienhandlung zu Bach kam. Und dann in einem Bach-Konzert, wie er eine Rose erhält, von einer Hörerin, dafür, dass sie vernehmen konnte, wie Julius Berger in sein Spiel sein Leben gelegt hat, und wie er diese Rose dann nimmt und weitergibt. Auf den Altar legt. Ein schönes Zeichen dafür, dass gerade auch die Musik etwas Gnadenhaftes ist. So etwas darf ungestraft nur ein Musiker vom Format des Julius Berger tun.

Schön auch, wie Julius Berger bewunderte Kollegen aufleben lassen kann. „Slava" – 2012, zum fünften Todestag Rostropovich, mag das Beispiel hierfür sein, auch „Gidon", den ich auch schon gehört und gelesen habe.

Die Tautropfen sind aber auch als Bilder voller Klang ...

Aus der Begegnung mit der Komponistin Sofia Gubaidulina ist für Julius Berger eines der Ereignisse seines Lebens geworden. Ich hörte – ja sah es gerade wieder, wie Julius Berger sie zum Erklingen brachte. Diese Verse und Sätze der Erinnerung sind kostbar. Auch für mich.
Und die Tautropfen werden mir zum ersten Mal so gezeigt, sodass ich weiß, dass meine Überschrift „Was ist denn Tau anderes als Tau" eine rhetorische Frage ist. Es sind Tautropfen, die auf die Weise der Fotografie zu sehenden, und auch jene, die satz- und versweise mir entgegenkommen.
Naturgemäß bringen die Texte die Musik ins Bild. Die Tautropfen sind aber auch als Bilder voller Klang, ich meine, sie zu hören, so wie man das Gras wachsen hört, diese Art von Musik ist es. Manche dieser zerbrechlich scheinenden Aufnahmen sehen wie Weltraumbilder aus. Aber was ist schon das Wort „wie"! Ich kann es streichen. Denn es sind Weltraumaufnahmen. Oder gehört ein Spinnengewebe oder eine Spur auf einem Blatt etwa nicht zum Weltraum? Oder der sich dem Licht verdankende Schatten auf einem Tropfen aus nichts als Wasser?
Es ist nicht einfach, Wörter für Bilder zu finden, die selbst eine Sprache sind. Und schon gar nicht, wenn sie so als etwas Einfaches in Schwarz und Weiß daherkommen. Und doch. Es ist alles ganz einfach, so einfach „wie ein Halm wächst". Das hat Adalbert Stifter im Blick auf sein Leben gesagt.
Das erlaubte mir, ein paar Sätze dazuzuschreiben. Solche Sätze, die in einem verwandten transitorischen Raum von Wort und Sprache, Klang und Bild unterwegs sind. In einem Gedicht auf Julius Berger heißt es: „Das Leben blüht im Klang".
Das, was für mich, der ich ein einfacher Leser und Augenmensch bin, das Entscheidende ist, kommt hier synästhetisch zum Vorschein, der Mikro- und der Makrokosmos, das Sichtbare wie das Unsichtbare: Das Ganze.
Die Welt ist mehr als das Sichtbare oder die Oberfläche, für die mancher noch Wörter wie ästhetisch bereithalten mag. Aber das hier ist mehr, und dazu etwas ganz anderes. Eine Engführung aus Bild und Wort, Sprache und Klang.

... ich meine, sie zu hören,
so wie man das Gras wachsen hört,
diese Art von Musik ist es.

Und ich fand beim Lesen, dass auch der Vers (er erscheint nur als Satz am Ende einer kleinen Erzählung von mir) „Und die Amseln sangen, als blühten sie" zum Spiel von Julius Berger gehört, das sich in seinen Texten aus Bildern und Bildern in Texten fortsetzt, hier in diesen Tautropfen. Und dass sie auch die Voraussetzung sind. Denn sie lassen etwas aufleben und mich teilnehmen.

Sie geben auch den Blick frei auf Dinge, die so schön sind, dass wir sie uns gar nicht ausdenken könnten. Sonst müsste ich: Was ist denn Tau anderes als Tau sagen. Das ist aber nun nicht mehr möglich, dass einer mit einer solchen Frage daherkommt. Wenigstens für mich nicht, nachdem ich diese Bilder gelesen und gesehen habe.

Nun ist dieser Satz ein solcher von jenen Sätzen, wo die Frage mit der Antwort zusammenfällt und das Lesen mit dem Sehen. Gerade beim Lesen in diesen Bildern scheint jedes Wort zu viel. Und doch. Hinzufügen wären auch Wörter wie „klar", „transparent", „einverstanden", „schön" und „ja". Und bei Lesen und Sehen werden eigentlich auch Fragen wie: Was ist denn Tau anderes als Tau? – die zugleich meine Antwort ist – überflüssig. Aber mit einem Ausrufungszeichen wie im achten Psalm, wo ein Mensch fragt und staunt, wenn er des Himmels gewahr wird, am Tag und in der Nacht. Wenn ich den Himmel sehe, den Mond und die Sterne, das Werk Deiner Hände: Was ist der Mensch? – Hier sind es Wörter wie Tautropfen, die mich zur selben Antwort führen.

Ich habe einen Freund, Maler und Dichter. Bruno Epple. Wenn er malt, schreibt er; und wenn er schreibt, malt er. Dies ließe sich auch auf Julius Berger übertragen: Auch wenn er schreibt, musiziert er. Und wenn er spielt, singt er. Und wenn er musiziert, dann schreibt er etwas in den Raum hinein, und teilt er und teilt er mit. Und wenn er fotografiert, zeigt er uns, wie alles eins ist.

Naturgemäß ist die Musik der Rote Faden dieses Buches voller Bilder und Klänge. Bei Julius Berger kommt nun abgesehen davon, dass er ein virtuoser Musiker ist, seine synästhetische Weise hinzu, die Welt zur Gegenwart zu machen.

Und schön, wie die Sätze und Dinge, das Gehörte und das Gesehene zu einer Gegenwart werden, zu einer solchen bei Julius Berger, sodass ich immer fast schon höre und sehe, wie es klingt. Dass es klingt, ist eine Tatsache, über die ich nicht weiter reden muss. Der Klang wird sichtbar, die Stille dieser Bilder in Wort und Bild wird hörbar. Das ist etwas Wunderbares, zumal es ja von den Bildern heißt, dass sie keine Stimme haben. Aber ich sehe und höre doch, wenn ich mit meinen Augen durch diese Verszeilen, Lebenssätze und Tautropfen gehe.

Dass die Welt Klang ist, kann ich hören. Und jetzt auch noch lesen: und zwar satzweise. Und auch lesen in den Bildern, die Satz um Satz, Vers um Vers voranschreiten, wie auch in den Fotografien, oder können meine Augen etwa nicht lesen in diesen Bildern, für die das Wort, das doch von denen, die glauben, eine Sprache beherrschen zu können, sage ich in ihrer Sprache: aus dem Verkehr gezogen ist? Es handelt sich hier um das Wort schön. Und wenn etwas schön ist, dann ist es sehr schön.

Alles wirkliche Leben ist Begegnung
Martin Buber

Wir begegnen Menschen, wir begegnen der Kunst, der Natur. Begegnung kann oberflächlich sein, wenn sie aber zum Ereignis wird, dann dürfen wir den Segen des Kreuzes spüren: Licht im Inneren, Glück, Begeisterung.

Die Entstehung dieses Büchleins hat mir das innere Geschehen der Begegnung geschenkt. Ich denke an Karl Kardinal Lehmann und Arnold Stadler. Beide haben mich ermutigt. Arnold Stadler hat mir darüberhinaus Wege gewiesen, innere und äußere. Er hat auch die Verbindung zu Brigitta Ritter geschaffen, die meine Bilder und Texte in beglückender Weise zum Klingen gebracht hat. Ich denke an Annette Schavan, die das Werden des Büchleins mit Rat und Tat begleitet hat. Claudia Fuchs und Matthias Sturm haben die Texte gelesen, korrigiert und geschrieben, Ulrich Sander von der Verlagsgruppe Patmos danke ich für wertvolle Korrekturvorschläge. Die Bilder wurden im blow up Fotolabor in München durch Robin Rehm entwickelt und in einem aufwendigen Verfahren auf Baryt-Papier vergrößert. Ein herzlicher Dank geht auch an die Kurt und Felicitas Viermetz Stiftung. Und nicht zuletzt haben mich meine Frau Hyun-Jung und meine Söhne Julius und Immanuel stets beraten, begleitet, gestützt.

Ich danke von Herzen, auch für die Gnade, dass sich alles so gefügt hat.

Julius Berger
6. April 2019

Fotografie	Julius Berger
	Leicaflex SL, Baujahr 1971
	Macro-Elmarit 1:2,8/60, Kodak T-max 400 Schwarzweißfilm

ISBN 978-3-86917-763-2
© 2019 Verlag am Eschbach
Verlagsgruppe Patmos in der Schwabenverlag AG, Ostfildern
Alle Rechte vorbehalten.
www.verlag-am-eschbach.de

Gestaltung	BelDesign Überlingen, Brigitta Ritter
Herstellung	Druckerei Marquart, Aulendorf